KB267317

포식자들의 시간

포식자들의 시간

포식자들의 시간

AI 시대, 절대 권력의 설계자들

줄리아노 다 엠폴리 지음 | 이세진 옮김

포식자들의 시간

포식자들의 시간

AI 시대, 절대 권력의 설계자들

발행일
2026년 2월 10일 초판 1쇄

지은이 | 줄리아노 다 엠폴리
옮긴이 | 이세진
펴낸이 | 정상준
펴낸곳 | (주)을유문화사

창립일 | 1945년 12월 1일
주소 | 서울시 마포구 서교동 469-48
전화 | 02-733-8153
팩스 | 02-732-9154
홈페이지 | www.eulyoo.co.kr

ISBN 978-89-324-7601-8 03300

플루타르코스가 우리에게 본보기 삼아

생애담을 들려준 영웅들 가운데 신사는 극히 드물다.

— 쿠르초 말라파르테

추천의 글

"위기는 정확히 낡은 것은 죽어 가고 있는데 새것은 태어날 수 없다는 사실에 존재한다. 이 공백기에는 아주 다양한 병리적 현상들이 나타난다."

안토니오 그람시의 『옥중수고』 한 구절이다. 2010년대 중반 이후 서구 민주주의 국가에서 일어난 다양한 퇴행 현상을 설명할 때 사람들이 자주 인용하는 말이다. 나도 그중 하나였다. 『포식자들의 시간』을 읽고 나서 그람시는 이제 그만 인용해야겠다고 생각했다. 어떤 의미에서는 『포식자들의 시간』의 메시지가 바로 그것이었다. 우리의 '시간'은 그람시가 말한 위기의 종반부에 있다. 새것은 이미 태어났다.

새로운 것은 너무 새로워서, 우리는 그걸 뭐라 부를지조차 아직 모른다. 그들 중 일부를 가리키는, 그나마도 본질을 정확하게 짚는 대신 명명자의 감정이나 소망이 담긴 단어들을 나열하자면 이러하다. 극우 포퓰리즘, 선출 독재, 스트롱맨, 암흑 계몽주의, 빅테크, 기술 권력, 테크노 봉건 영주, 브롤리가키*……. 새것은 이 모든 것을 다 합한 것 그 이상이다.

그 새로운 세력들은 2010년대 초엽까지도 변방의 괴짜들로 보였다. 정치권에서 나타난 새로운 세력들은 지성과 인성이 모자란 무식쟁이 낙오자들로 보였다. 실리콘밸리에서 등장한 새로운 세력들은 사회성과 감수성이 모자란 지질한 너드들로 보였다. 양쪽 다 상식 밖의 존재들이었고, 너무 괴상해서 심각한 위협이라기보다는 웃음거리로 보였다.

개방성과 포용성이 자신들의 장점이라고 믿었던 낡은 질서는 그런 무식쟁이 낙오자들과 지질한 너드들을 두려워하지 않았다. 그들의 공격을 체제에 대한 진지한 도전이라기보다는 성가신 골칫거리 정도로 여겼다. 낡은 질서는 무식쟁이 낙오자들과 지질한 너드들이 선을 넘으면 언제든지 자신들이 제대로 대응할 수 있다고 믿었다. 자신들이 자정 작용이라는 신비한 면역 시스템을 지닌 건강한 양복 신사

---

* '브라더brother'와 '과두 정치oligarchy'를 합한 신조어

이고, 상대는 매년 왔다가 지나가는 감기 같은 존재라고 판단했던 듯하다.

그렇게 10여 년이 흐른 지금, 낡은 질서는 정체 모를 신종 바이러스에 걸려 신음하는 환자 신세다. 우리가 그 바이러스에 이름도 제대로 붙이지도 못하는 사이, 새것은 낡은 것을 먹어 치우기 시작했다. 신세계의 침략자들은 더 이상 우스워 보이지 않는다. 그리고 그들이 꿈꾸는 섬뜩한 신세계는 점점 현실이 되어 가고 있다. 줄리아노 다 엠폴리는 그 현장을 보여 준다. 그러면서 500년 전 아메리카 대륙에, 아스테카 제국에 스페인 침략자들이 도착했을 때를 떠올려 보라고 한다.

줄리아노 다 엠폴리는 우리 시대 구세계의 지도자들이 신세계에 뜯어 먹히는 바로 그 현장을 눈으로 본 드문 소수다. 그 소수의 목격자 중에서도 자신이 보는 것이 무엇을 의미하는지 알아차리고 기록한 매우 드문 증인이다. 그 자신도 본인을 아스테카 제국의 서기관에 비유한다. 자조적인 투이긴 하지만 사실 그런 서기관의 업무에 그보다 적임인 인물을 찾기도 어렵다. 그는 이탈리아, 스위스, 프랑스에서 저널리스트이자 정치평론가, 대학 교수로, 또 다양한 직함으로 현실 정치에 참여했으며 베스트셀러 소설가이기도 하다.

아카데미 프랑세즈 소설 대상을 받고 공쿠르상 최종 후보에 오른 다 엠폴리의 소설 『크렘린의 마법사』는 내게 2023년의 책이었다. 이 작품에서 그는 자신이 마법사인 것처럼 두 가지 어려운 일을 해낸다. 하나는 러시아에 새로 등장한 권력자의 주변에서 벌어지는 일을 현실적으로 묘사하는 것이고, 다른 하나는 기존 규칙에서 벗어난 그 권력자의 행보에 왜 러시아 정치가 무너지는지 설득력 있게 전달하는 것이다.

소설이 아니라 논픽션이고, 배경이 러시아가 아니지만 『포식자들의 시간』에서도 다 엠폴리는 기본적으로 같은 일을 해낸다. 그가 그리는 권력 중심부의 인간들은 〈대부〉의 마피아 같지 않기 때문에 현실적이다. 소설에서도 논픽션에서도 그가 묘사하는 인물들은 〈대부〉의 마피아처럼 보이고 싶어 하지만 그게 잘 안되어 진땀을 꽤나 흘린다. 다 엠폴리 본인은 대략 미국 정치 드라마 〈더 웨스트 윙〉이 10퍼센트, 〈하우스 오브 카드〉가 20퍼센트, 그리고 코믹 드라마 〈빕〉이 70퍼센트 섞인 상황이라고 설명한다.

『포식자들의 시간』에서 독자들은 헨리 키신저, 버락 오바마와 미셸 오바마, 에마뉘엘 마크롱, 키어 스타머, 볼로디미르 젤렌스키, 쥐스탱 트뤼도가 그렇게 고군분투하는 모습을 보는 귀한 기회를 얻는다. 그들은 겉멋을 부리려 하지만 잘 안되고, 유엔에서 아무도 듣지 않는 연설을 하고, 낭패감 속에 당혹스러워하고, 테크 거물들에게 웅얼거리며 질문하고, 망연자실해 눈물을 쏟을 듯한 표정을 짓는다.

다 엠폴리는 자신이 만난 무함마드 빈 살만, 샘 올트먼, 데미스 허사비스의 모습도 함께 그린다. 다 엠폴리의 관찰을 통해 한데 묶을 수 없을 것 같은 이들의 공통점이 드러난다. 현대인이 아닌 것 같다는 점이다. 어떤 인물은 마키아벨리가 살던 시대에서 날아온 것 같고, 어떤 인물은 미래에서 온 포스트 휴먼 같다. 먹히는 자들과 달리 그들은 몹시 편안해 보인다. 구세계 사람들에게는 혼돈인 장소가 그들에게는 고향이다.

다 엠폴리는 신세계의 침략자들을 마키아벨리 시대의 냉혹한 군주 체사레 보르자에 빗대 '보르자형 인간'들이라고 부른다. 그들은 '왜 안 된다는 거지?' 하는 표정으로 다른 이들의 눈에는 초현실적으로 보이는 사건들을 일으킨다. 리츠칼튼 호텔에서 물고문을 곁들인 궁중 암투가 벌어지기도 한다. 메시아 신드롬과 아스퍼거 증후군을 함께 앓는 듯한 부자가 범죄, 이민, 물가 같은 문제의 해법을 내놓기도 한다.

그람시는 권력은 강제가 아니라 동의를 통해 유지된다고 했다. 당신은 떠오르는 신세계의 질서에 동의하는가. 그

람시는 이성으로 비관하더라도 의지로 낙관하라고도 말했
다. 그 조언을 따르려는 분들께 『포식자들의 시간』은 가장
좋은 출발점이 될 것이다.

장강명 (작가)

들어가는 글
새로운 정복자가 온다

에르난 코르테스*의 상륙 소식이 아스테카 제국의 수도에 도착했을 때 모테쿠소마 2세**는 즉시 가장 가까운 조언자들을 불러들였다. 어디서 왔는지 모르는, 바다에 떠다니는 희한한 성읍 같은 것을 타고 온 이 불청객들을 어떤 태도로 대해야 하나?

몇몇은 침입자들을 그 자리에서 바로 몰아내야 한다고 보았다. 초대장도 없이 삼국 동맹***의 땅에 발을 들인 파렴치한 수백 명쯤이야 제국의 군대가 어렵잖게 물리칠 수 있

---

* Hernán Cortés(1485~1547). 스페인 출신의 정복자. 16세기 초 오늘날의 멕시코 본토 지역의 아스테카 제국을 정복하여 그 영토를 카스티야 국왕의 식민지로 삼았다.
** Motecuhzoma Xocoyotzin(1466~1520). 1502년부터 1520년까지 아스테카 제국을 통치한 제9대 황제
*** 아스테카 제국의 동의어로, 나와족 연합으로 이루어진 세 개의 도시 국가인 테노치티틀란, 텍스코코, 틀라코판의 동맹을 가리킨다.

었을 것이다. "그래요, 하지만"이라고 다른 사람들이 토를 달았다. 이방인들에 대한 최초의 보고에 따르면 그들에게는 초능력이 있는 듯했다. 그들은 몸 전체에 금속을 뒤집어쓰고 있어서 가장 뾰족한 화살도 튕겨 나갔다. 그리고 수사슴 비슷한 몸집 큰 동물을 타고 다녔는데 그 동물은 그들의 손짓과 눈짓에 복종했다. 무엇보다 그 이방인들은 입으로 부는 화살통처럼 생긴 것으로 불의 숨결과 천둥을 다스려 그들의 뜻에 맞서는 모든 이를 죽일 수 있었다. 혹시 그들은 경우 없는 야만인이 아니라 신들이 아닐까? 저들의 우두머리, 피부가 희고 수염을 길렀으며 번쩍거리는 투구를 쓴 저 자가 추방당했던 신이라면? 깃털 달린 뱀신 케찰코아틀이 자기 땅으로 돌아온 것이라면?

상반된 의견들 사이에서 이러지도 저러지도 못하던 황제는 어느 시대에나 정치인들이 이런 상황에서 할 법한 일을 했다. 다시 말해, 황제는 결정을 내리지 않겠다는 결정을 내렸다. 그는 제국의 광영을 과시하기 위해 선물을 바리바리 챙겨 이방인들에게 사절을 보냈으나, 그들의 수도 입성은 금지했다. 결과는 언제나 그렇듯, 이런 유의 망설임에서 비롯되기 쉬운 바로 그 결과로 나타났다. 모테쿠소마는 굴욕을 무릅쓰고서라도 전쟁을 피하려다가 굴욕과 전쟁을 모두 겪고 말았다.

지난 30여 년간 서양 민주주의의 정치 지도자들은 16세기 아스테카인들을 그대로 빼다 박은 태도로 첨단 기술의 정복자conquistador들을 대했다. 그들은 인터넷, 소셜 네트워크, 인공 지능의 천둥 벼락 앞에서 요정의 가루가 자기들에게도 다소나마 떨어지기를 바라며 납작 엎드렸다.

그러한 강등 의식을 얼마나 많이 지켜보았는지 헤아릴 수조차 없다. 전 세계 어느 수도에서나 늘 똑같은 장면이 되풀이된다. 전용기에서 내리는 과두 지배자는 금싸라기 같은 시간을 포스트휴먼 연구에 쓰는 대신 구시대의 부족장에게 할애해야 하는 사정이 마뜩잖아 벌써 기분이 별로다. 정치인은 화려한 연출 속에서 이 인물을 성대하게 맞아들인 후 연구 거점이나 AI 연구소를 유치하기 위한 읍소로 짧은 면담을 대부분 채우고, 결국 셀카나 한 장 같이 찍는 것으로 만족한다.

모테쿠소마의 경우가 그랬듯이, 고분고분함만으로는 위정자들의 생존을 보장할 수 없다. 존중의 시늉을 하고 보니 그들은 어느새 열등한 위치에 서 있었고, 정복자들은 그네들의 제국을 받아들이지 않을 수 없게끔 서서히 밀고 들어왔다. 지금은 포식자들의 시간이다. 어느 곳에서나 사정이 이 모양이니 해결되어야 할 일은 전부 불과 칼로써 해결

될 것이다.[1]

이 작은 책은 아스테카 서기관의 관점에서, 나름의 방식으로, 이러한 사실들을 이야기하기 위해 쓴 것이다. 심연으로 가라앉고 있는 한 세계의 숨결과 그 자리를 차지할 또 다른 세계의 서릿발 같은 지배를, 개념들보다는 이미지에 기대어 파악하기 위해.

차례

UN은 여전히 세계를 대표하는가

UN은 여전히 세계를 대표하는가

밤색 양복을 입은 네 남자가 팔레스타인 자치 정부 대통령을 수행한다. 한 명은 키가 조금 크고 또 다른 한 명은 조금 뚱뚱하지만 어쨌든 네 남자 모두 회색 머리에 피부가 푸석한 것이 닳고 닳은 관료의 얼굴, 혹은 관료가 된 전직 전사의 얼굴을 하고 있다. 그들이 자리에 앉자 갈색 바짓단이 올라가면서 싸구려 구두에 싸여 있던 목 짧은 회색 양말이 드러난다. 마흐무드 압바스* 대통령이 현재 진행 중인 비극에 대하여 독백을 읊는 동안, 밤색 양복의 사내들은 죽은 듯 가만하다. 네 사람의 얼굴에 떠오르는 어렴풋한 후회가 그들의 유일한 표정이다. 그러다 어느 순간, 그들의 대통령이 현 상황을 수십만 팔레스타인 사람들을 난민 신세로 내몰았던

---

* Mahmoud Abbas(1935~). 2005년 팔레스타인의 제2대 대통령으로 취임해 현재까지 재임하고 있다.

1948년 전쟁 및 1967년 전쟁과 비교한다. 그들이 당시에 어디 있었는지 알 게 뭔가. 아마도 그때 막 태어났거나, 그 후 청소년으로 성장하며 역사의 우악스러운 우연에 떠밀려 어딘가에 가 있었을 것이다. 그들의 표정은 변함없다. 그들은 너무 지쳤다. 이어서 프랑스 대통령의 발언이 시작된 후에도 그들의 표정은 그대로다. 그중에는 프랑스어를 알아듣는 이도 아마 있을 것이다. 다른 이들은 통역을 기다린다. 두 정상의 대화는 활기를 더해 가지만 그 무엇도 팔레스타인 대표단의 피로의 벽을 뚫을 수 없는 것 같다.

어떤 말이 입 밖으로 나오기 전까지는 그랬다. 이런 유의 만남을 채우는 뻔하고 정제된 말들이 흘러가는 와중에, 예상 밖의 단어가 튀어나온다. 그 단어에 밤색 양복의 사내들이 살아난다. 축 처져 있던 몸들이 두 대통령에게로 향하고 갑자기 눈빛들이 형형해진다. 그들이 수첩을 꺼내 메모를 하기 시작하고 거의 들뜬 시선을 슬쩍 주고받는다.

메리메가 일찍이 파머스턴*에게서 관찰한 "국가 지도자와 어린아이의 공존"[1]을 룰라**만큼 잘 구현하는 인물은

---

* Henry John Temple, 3rd Viscount Palmerston(1784~1865). 19세기 중반 영국 총리를 두 차례 역임한 파머스턴 자작, 헨리 존 템플을 가리킨다.
** Luiz Inácio Lula da Silva(1945~). 브라질 제35대·39대 대통령으로 2003~2010년까지 재임했다.

없다. 룰라는 가끔 헷갈리는지 마크롱을 '사르코지'라고 부른다. 그 또한 너무 많은 것을 보았다. 노동자의 삶, 30년에 걸친 투쟁, 옥살이, 두 번의 대통령 임기, 수백만 브라질인들을 절대 빈곤에서 구제한 보우사 파밀리아Bolsa Família[•]. 그 후 실각하고 터무니없는 스캔들로 감옥에 들어갔다가 마침내 무죄 선고를 받으면서 부활했고, 일흔여섯 살의 나이에 다시 한번 대통령으로 당선되었다. 세계 어느 정치 지도자도 그만 한 인생 역정을 내세우지는 못한다. 룰라는 농담하고 도발한다. 산전수전을 다 겪고도 여전히 번득일 수 있다. 사람들을 웃길 줄 알고 마음을 움직일 줄 안다. 룰라는 국가수반들이 모여 있는 회의장에 들어가 분위기를 장악한다.

회의가 끝날 무렵, 룰라가 갱단의 손아귀에 들어가 있는 아이티에 대해서 언급하고 아이티 사태 해결에 힘을 보태겠노라 약속한다. 프랑스 대통령이 다름 아닌 아이티 출신인 작가 다니 라페리에르[••]를 소개한다. 룰라는 잃었던 형제를 상봉한 듯 열성적인 반응을 보이며 다니를 껴안고 등을 토닥거린다. "이쪽도 작가입니다." 마크롱이 나를 가리

[•] 6~17세 자녀가 있는 빈곤 가정이 교육과 건강 분야에서 요구되는 일정 조건을 충족하면 현금을 지급하는 브라질의 사회 복지 정책

[••] Dany Laferrière(1953~). 아이티에서 태어나 캐나다로 망명했고 프랑스어로 글을 쓰는 작가. 『슬픔이 춤춘다』, 『남쪽으로』 등이 우리말로 번역되어 있다.

키며 룰라에게 말한다. 나는 살짝 난처해하며 "하지만 전 그냥 이탈리아인인데요"라고 말한다. 룰라가 껄껄 웃으면서 위로하듯 내 목에 팔을 두른다.

　이란 경호원이 자국 대통령이 프랑스 대통령과 대화를 나누고 있는 작은 홀 앞을 지키고 섰다. 엘리제궁 보안팀 요원이 그에게 다가간다. "여기 서 계시면 안 됩니다." 이란 경호원은 눈썹 하나 꿈쩍하지 않는다. 프랑스 요원이 재차 말한다. "총기를 소지한 사람은 여기에 들어올 수 없습니다. 여기는 프랑스 영토인 셈이니 규정을 따라 주십시오." 이란 경호원이 그를 빤히 바라본다. "우리 대통령이 안에 계십니다." "우리 대통령도 같이 계십니다. 어떤 위험도 없다고 자신 있게 말씀드릴 수 있습니다." 이란인이 마지못해 겨우 몇 발짝 이동한다. 그러자 이번에는 미국 비밀 경호국 요원이 그에게 다가간다. "이보세요, 여기 서 계시면 안 됩니다." 이란 경호원은 꿈쩍도 하지 않는다. "게다가 지금 총기를 소지하고 있지 않습니까, 용납할 수 없습니다. 여기는 미국 영토입니다." 아까 그 프랑스 요원이 당황하는 기색을 보인다. 이란 경호원은 이때다 싶은 듯 원래 위치로 돌아온다. "이봐요, 여기 서 있으면 안 된다고 했잖아요!" 티격태격이 처음부터 다시 시작된다.

파브리스 델 동고의 워털루 전투가 그랬듯이* 유엔 총회도 한눈에 전체를 볼 수는 없다. 정치 지도자들은 자기네가 세계를 이끌어 나간다는 관점에 입각해 있지만 실은 필요 충족에 급급할 때가 많다. 이들은 때때로 이벤트를 만들어 내지만 그게 늘 최선은 아니다. 그리고 자문관과 보좌관의 관점이 있다. 이들은 네트워크를 형성하고 공모자들 같은 시선을 주고받는다. 이 사람들은 이전과 이후를, 무대에서 벌어지는 일과 시선에서 벗어나 있는 사정을 알기 때문이다. 그다음에는 경호원들의 관점이 있다. 이들은 서로를 경계 어린 눈으로 바라보지만, 이곳에서는 경호 구역이라는 개념 자체가 허상에 가까운 탓에 골머리를 않는다.

이제 지도자, 자문관, 경호원이라는 이 세 가지 관점에 유엔 총회에 참석한 각국 대표단의 수인 193을 곱해 보라. 어느 대표단이든 자기네가 세계의 중심에 있다고 믿어 의심치 않는다. 투발루** 대표단조차 그렇다. 동티모르 대표단도 마찬가지다. 이제 유엔이 작동하지 못하는 이유를 슬슬 알 것 같지 않은가. 그렇지만 우리에게 유엔이 없으면 안 되

---

* 스탕달의 『파르마의 수도원』의 주인공 파브리스 델 동고는 이탈리아 귀족 가문 출신의 젊은 청년으로 나폴레옹의 무운과 영광을 동경하여 워털루 전투에 참전하지만, 그가 생각했던 것과 너무 다른 전쟁의 현실 속에서 제대로 싸워 보지도 못하고 혼란스러워한다.
** 하와이와 오스트레일리아 사이에 있는 세계에서 세 번째로 작은 나라

는 이유도 어렴풋이 이해가 갈 것이다.

"이 땅에선 무시무시한 일들이 일어나지요, 다들 자기한테는 이유가 있어서 그런 겁니다." 장 르누아르 감독의 영화 〈게임의 법칙〉에서 드러난 통찰은 이곳 유엔 총회에서 모든 이유들이 서로 만나게 해 주는 제도의 모양새를 취한다. 하지만 이것은 이론적 절차가 아니다. 유엔 총회는 무엇보다도 몸의 일이다.

평상시 거주하는 호화 관저의 너른 공간에 익숙한 정치 지도자들에게는 유리 궁전 Palais de verre*(이 이름은 정말이지 어울리지 않는다)의 회의실과 복도가 몹시 갑갑하고 비좁게 느껴진다. 자문관과 보좌관 들은 보조 의자에 걸터앉아 있다. 그들은 홍수처럼 쏟아지는 의례적 언사 속에서도 역경을 뚫고 앞으로 나아가게 해 줄 단 한마디를 포착하려고 눈에 불을 켠다. 자기가 해야 할 일을 마음껏 할 수 없게 된 경호원들의 몸은 신경이 곤두서든가, 체념한 듯 담담하게 받아들이거나, 뒤처지지 않으려고 달려가다가 다른 몸들과 부딪힌다.

---

* 거대한 유리창으로 뒤덮여 있는 뉴욕 맨해튼 유엔 본부 건물을 프랑스어권 언론에서는 '유리 궁전'이라 부르곤 한다.

권력자들의 몸은 추상적 본체다. 그들의 삶에 리듬을 부여하는 화려한 의례들, 호화로운 관저, 의전 행렬의 사이렌에 매몰되어 있는 그 몸은 일종의 상징이 된다. 집단적 본체, 국가, 정부의 구체적 현현이 되는 것이다. 하지만 그러한 변신이 이루어지기 위해서는, 단순한 인간의 몸이 수백만 인구의 현현이 되기 위해서는 공간이 필요하다. 플로베르가 왕실 저택을 묘사하면서 언급했던 "그리 수가 많지 않은 주인들에게 지나치게 광대한 차원", 침묵, "부동의 사치" 같은 공간 말이다.[2]

고대 이집트에서 파라오의 발치까지 나아가는 계단이 필요 이상으로 거대했던 이유는 열등감을 자극하기 위해서였다. 알베르트 슈페어가 히틀러를 위해 베를린에 건설한 총리 관저는 기본적으로 150미터가 넘는 끝없는 복도들로 이루어져 있었다. 방문객들이 총통이 기다리고 있는 핏빛 벽의 집무실에 도착하려면 반드시 그 복도들을 지나야 했다.

거리, 접근 불가능성. 인물과의 거리가 멀수록 추상적 상징이 물리적 신체보다 힘이 세진다. 다만, 유엔 본부의 공간은 지나치게 협소하고 권력자들은 지나치게 넘쳐난다. 이 해 2024년 총회에는 국가 정상만 87명이 참석했다. 장관들, 대사들, 유럽 연합이나 NATO 같은 국제기구 수장들을 제외하고도 말이다. 결과적으로 변모transfiguration는 일어날 수 없고 물리적 신체는 그대로 남는다.

일 년에 한 번 열리는 유엔 총회는 권력자들이 다시 몸이 되는 시간이다. 그리고 이 모든 몸은 움직인다. 다들 약속 시간에 맞게 도착하려고, 아니면 적어도 너무 늦지 않기 위해 복도를 뛰어다닌다. 이미 만원인 엘리베이터에도 비집고 들어간다. 일단 타지 않으면 뒤처지게 되고 다음번 엘리베이터를 탈 수 있다는 보장도 없기 때문이다. 그들은 마이크와 카메라 사이를 헤치고 나아가 이미 사람으로 꽉 찬 회의실에 도착하지만 이미 거기선 어떤 일이 일어나는 중일지도 모른다. 그들이 훗날 손자 손녀에게 이야기할 수 있을지도 모르는 어떤 일이. 아니면 — 이쪽이 더 확률이 높지만 — 내일 아침이면 까맣게 잊을 어떤 일이.

기다리든가 달리든가 둘 중 하나, 중간은 없다. 그것이 유엔 총회의 리듬이다. 게다가 정치의 일상 리듬도 마찬가지다. 지루해 죽을 것 같다. 우디 앨런의 말마따나 성공의 90퍼센트는 그 자리에 있다는 사실이 차지한다. 그곳에 현존하기, 그러다 가끔 한 번씩 들입다 뛰어야 한다.

국가의 기원이 스포츠 활동에 있을지도 모른다는 오르

테가 이 가세트*의 의미심장한 가설[3]이 여기서 눈부신 확증을 얻는다. 테스토스테론 수치가 치솟다 보니 물리적 충돌도 드물지 않게 일어난다.

더욱이 사실상 남성의 몫밖에 없다. 유엔 총회 발언자 중 여성이 차지하는 비율은 10퍼센트도 되지 않는다. 안토니우 구테흐스 유엔 사무총장은 담화에서 이러한 현실을 다시 한번 개탄했지만 단기적으로 상황이 달라질 것 같진 않다. 유엔 자체가 여성을 사무총장 자리에 앉힌 역사가 없다. 게다가 이 자리에 와 있는 남성들이 어디 보통 남성들인가. 정치가 수단만 달리하는 전쟁의 지속이라면, 세계 어디서나 싸움에서만 생의 의미를 찾는 가장 폭력적인 성격의 소유자들을 끌어들이는 것도 당연하다.

두 대표단이 저마다 단장, 보좌관, 의전 담당관, 경호팀, 비밀 정보원 들을 대동하고 좁은 복도로 몰려 들어간다. 각 대표단은 자기네가 세계의 중심이고, 저마다 도저히 지킬 수 없는 중대한 약속이 있다. 두 대표단이 서로 반대 방향으로 달려가다가 부딪힌다. 둘 다 상대편이 비켜 주기를 바라지만 여기에 길을 양보하는 데 익숙한 사람은 아무도

---

* José Ortega y Gasset(1883~1955). 스페인 철학자로, 국가의 기원을 전쟁이나 폭력적 지배보다 규칙과 형식을 갖춘 집단 놀이 및 스포츠 활동에서 찾을 수 있다고 보았다.

없다. 그들은 모두 통제된 도로, 의전용 트랩, 모든 장애물의 접근을 막는 경호선에 익숙하다. 놀라움, 높아지는 언성, 긴장이 고조되고 몸들이 서로를 붙든다. 그들이 서로 밀치기 시작한다. 문득 지도자들이 서로 얼굴을 알아본다. 저쪽은 칠레 대통령 보리치*다. 작은 멧돼지처럼 걸음걸이가 다부지고 결연해 보이지만 이내 의자 하나 못 옮기는 사람 아닐까 의심이 든다. 두 대통령이 가볍게 서로 포옹한다. 갈등은 일시적으로 풀렸다. 각국 대표단이 자기 갈 길을 간다.

§

10년 전, 이탈리아 총리의 해외 순방에 동반할 때의 일이다. 나와 총리 대변인은 바보 같은 놀이를 하나 만들었는데, 그 친구도 나 같은 드라마 시리즈 마니아였다. 당시 정치물 시리즈는 크게 세 종류로 나뉘었다. 첫 번째 종류는 영웅물이라고 할 수 있겠다. 대체로 유능하고 선량한 의도를 지닌 인물들이 누가 누가 더 빼어난지 각축을 벌이는 〈더 웨스트 윙〉이 여기에 해당한다. 두 번째로는 죄 없는 사람은 아무도 없고 생존이 유일한 규칙인 홉스적 정글로 정치

---

* Gabriel Boric Font(1986~). 칠레 제43대 대통령. 칠레 역사상 최연소 대통령으로 2022년에 취임하였다.

계를 묘사하는 암울한 드라마들이 있다. 〈하우스 오브 카드〉가 이런 유인데 흥미진진한 권모술수에 빠져 사는, 명석하지만 양심 없는 마키아벨리적 인물들을 그려 내기 때문에 실제 정치인들에게도 상당히 인기가 있다. 반면 명감독 아르만도 이안누치가 만든 정치 시트콤 〈더 씩 오브 잇〉과 〈빕(부통령이 필요해)〉 같은 세 번째 종류는 정치계를 있는 그대로의 모습으로 보여 주었다. 십중팔구 어울리지 않는 직책을 맡은 인물들이 늘 예상치 못한, 종종 터무니없고 때로는 우스꽝스러운 상황에서 허둥지둥 도망가면서 상황을 타개하려 애쓰는 실수 연발 코미디 말이다.

필리포와 나는 하루 일정을 마무리하면서 그날그날의 상황을 이런 식으로 정리했다. 〈더 웨스트 윙〉, 〈하우스 오브 카드〉, 〈빕〉이 각각 몇 퍼센트였는지? 결과는 대체로 〈더 웨스트 윙〉이 10퍼센트 정도, 〈하우스 오브 카드〉가 20퍼센트 정도, 나머지는 전부 〈빕〉이었다.[4] 그 시절에는 그러고 노는 게 재미있었다. 그런 유의 상황에서 무섭게 쌓이는 긴장과 피로를 해소하는 나름의 방법이었다고나 할까. 게다가 오스트레일리아 총리 맬컴 턴불도 의도한 것은 아니겠지만 2016년 총선 슬로건으로 '지속과 변화Continuity and Change'를 채택하면서 우리의 놀이에 합류한 셈이 되었다. 이 슬로건은 〈빕〉 시즌 4에서 주인공이 대선을 위해 사용한 슬로건이었다.* 당시 시리즈 제작자들은 "우리가 생각할 수 있는 가장 무의미한 슬로건을 찾으려고 했습니다"라고 설명했다.

그때 이후로 시대가 심히 암울해졌다는 말을 하지 않을 수 없다. 뉴스를 보면서 웃을 일이 점점 줄어든다. 원칙적으로 프랑스 대통령 일정에는 9월 25일 10시 15분에 '베냐민 네타냐후 이스라엘 총리'와의 만남이 예정되어 있다. 그런데 지난 24시간 사이에 이스라엘군은 자국에 비 오듯 퍼붓는 로켓포에 대항하여 레바논 남부에 대규모 공습 작전을 개시했다. 사망자만 이미 수백 명이 나왔고, 자기 집을 버리고 남쪽으로 피난을 떠난 사람이 수만 명이다. 따라서 네타냐후가 뉴욕에 와 있는 것 자체가 문제시된다. 이러한 군사 작전을 한창 진행하는 중에 유엔 연단에 연설하러 오르기는 어렵다. 프랑스 측에서는 안전 보장 위원회 긴급 소집을 요구하고 나선다. 이 요구의 목적은 오랜 무관심에 빠져 있던 미국을 깨워 프랑스 편에 서게 하는 것, 그리고 이스라엘과 헤즈볼라 사이의 휴전을 요청하는 것이다.

퍼즐에서 빠질 수 없는 한 조각은 이란이다. 이란은 이

---

* 작중 슬로건은 '변화 있는 지속Continuity with Change'으로 완전히 일치하지는 않는다.

스라엘의 무자비한 적이자 레바논 헤즈볼라의 든든한 지원자다. 마침내 이란 대표단에서 보좌관 몇 명이 프랑스 대표단 사무소의 작은 회의실에 미리 와서 현장을 점검한다. 내가 그들을 마지막으로 본 것은 2015년 총회, 이탈리아 총리와 이란 대통령의 회담이 있기 직전이었다. 그때 그들은 자국 대통령이 편안하게 미소 짓는 얼굴로 등장하기 전에 다이슨 선풍기 두 대를 들고 왔다. 당시에 핵 합의는 몇 주 전의 이야기였을 뿐이고 이란이슬람공화국과 서양 사이의 관계는 개선되는 듯 보였다.

이번에는 분위기가 자못 다르다. 선풍기는 없다. '사전 점검팀'은 뭘 찾는지 모르지만, 자그마한 회의실을 구석구석 꼼꼼하게 살핀다. 도청 마이크를 찾나? 폭탄? 아니면 둘 다? 정식 대표단이 도착한다. 전임자가 헬리콥터 추락 사고로 사망한 후 새로 선출된 대통령, 외무부 장관, 두 명의 자문관이 검은 양복에 빛나는 수염을 드리우고 굳은 얼굴로 등장한다.

늘 그렇듯 회담은 세 수준에서 진행된다. 페제시키안 대통령*은 총회 연단에서 한 번 더 늘어놓게 될 장광설을 읊는다. "당신네 서양인들은 사소한 일로 우리를 공격하고

---

* Masoud Pezeshkian(1954~). 이란 제9대 대통령으로 2024년에 취임하였다.

우리나라에서 범죄자를 감옥에 집어넣을 때마다 격분하면서도 수천 명의 무고한 사람들이 가자에서, 그리고 현재 레바논에서 학살당하는 것은 허용하지요……. 여러분도 들고 일어나야 합니다. 정치 지도자로서만이 아니라, 모름지기 인간이라면 마땅히 그래야 해요.”

그동안 회의실 밖에서 경호원들은 앞에서 묘사한 유의 티격태격에 여념이 없다. 그렇지만 이렇게 고착된 의례에서 으레 그렇듯 틈새는 중간 수준에서, 다시 말해 어떻게든 대화가 다시 흘러가게 하려고 빌미를 엿보는 보좌관들의 수준에서 벌어진다. 회의가 끝나 갈 무렵, 이란 측에서 한 명이 프랑스 대통령의 외교 수석 에마뉘엘 본에게 다가온다. 그가 자기소개를 하고 몇 마디 대화를 나눈다. 두 사람이 명함을 꺼내 교환한다. “휴대전화 번호도 드릴까요?” 본이 영어로 그렇게 말하고 자기 전화번호를 적어 준다. 한없이 미약한 끈 한 오라기가 난데없이 생겨났다. 누가 알랴, 그 끈이 뭔가로 이어지지는 않을지.

그런 것이 유엔 총회의 기적이다. 대화를 나눌 기회가 좀체 없는 이들이 서로 이야기할 수 있는 최후의 보루. 단, 당사자가 참석을 하지 않으면 어쩔 수 없다. 네타냐후와의 양자 회담은 공식 취소되었다. 그렇지만 키프로스 대통령이 네타냐후가 밤에는 도착할 것 같다고, 자기와 같은 호텔에 묵을 것 같다고 말한다. "키프로스 분들이 대체로 정보가 빠르시지요." 프랑스 대통령이 반쯤은 비꼬고 반쯤은 낙관적인 어조로 말한다.

유리 궁전에서 떠도는 또 다른 유령은 푸틴의 유령이다. 차르는 여기에 없지만 그의 외무 장관 라브로프가 총회 연단에서 우레와 같은 소리로 외친다. "러시아가 핵을 보유하고 있다는 점을 고려할 때 우크라이나가 전장에서 러시아를 이길 수 있다는 희망은 터무니없으며 키이우를 지원하려는 NATO 동맹의 모든 노력은 자살 행위입니다."

유엔의 프랑스 상임 대표가 나에게 우크라이나와의 초기 협상 때 블라디슬라프 수르코프를 만났던 일을 얘기해준다. 수르코프는 푸틴의 '스핀 닥터spin doctor(이미지 연출 및 홍보 전략)' 노릇을 하면서 자신을 예술가로 여겼던 인물이다.[5] 상임 대표가 묘사한 바에 따르면 수르코프는 냉정하고 대단히 유능하며 내가 상상했던 것보다 훨씬 인정사정없는 인물이다. "그 사람이 등장하니까 다른 러시아인들이 부들부들 떨더라고요. 무게 잡을 필요도 없었어요. 크렘린의 통제를 받지 않는다고 주장하는 분리주의자들의 태도를 우리가 문제 삼았더니 그는 이렇게 대답하더군요. '그건 걱정하지 마십시오. 내가 알아서 할 테니까.'" 일전에 에마뉘엘 본도 수르코프에 대해 나에게 말해 준 적이 있다. 그런 유의 러시아인은 종종 그렇듯 신체적 위협을 가할 수도 있는 냉혹한 협상가이지만, 자못 놀라운 행동을 취하기도 하는 명석한 인물이라나. "그 사람도 없으니 난폭함밖에 남지 않았군요." 본은 약간 아쉽다는 듯 말했다.

우크라이나 침공 석 달 전, 푸틴에게 경질된 지 얼마 안 된 수르코프가 글을 한 편 발표했다. 그 글에 이미 모든 것이 적혀 있었다. 수르코프는 모든 사회가 엔트로피의 법칙을 따른다고 보았다. 외부의 개입 없이 안정된 사회일지라도 결국은 자체 내에서 혼돈을 만들어 내게 마련이다. 어느 정도까지는 그 혼돈을 관리할 수 있지만 문제를 근본적으로 해결하는 방법은 혼돈을 외부로 돌리는 것이다. 수르코프에 따르면 역사적으로 위대한 제국들은 그들이 만든 혼돈을 국경 밖으로 이동시킴으로써 몇 번이고 쇄신되었다. 고대에는 로마인들이 그러했고, 저자에 따르면 20세기에는 미국인들이 그랬다. 그리고 러시아의 경우 "지속적인 영토 확장은 단순한 관념이 아니라 우리 역사의 진정한 실존적 이유"라고 한다.

그와 같은 일을 하는 사람들이라면 누구나 그렇듯 수르코프 역시 사건들을 결정하지는 않는다. 그의 역할은 지적인 냉소를 한 겹 더하는 것이 다지만 ― "이 신비를 우리는 헤아릴 수 없으니 차라리 우리가 그 신비를 주관하는 척 가장하자."* — 그렇다고 해서 그가 한 일에 대한 흥미가 없어지는 것은 아니다. 수르코프처럼 원자로 중심부까지 가보고서 뭔가를 말할 수 있는 사람들은 — 그들이 아무리 조작꾼일지라도 — 어떤 특성을 공유한다. '관여성 pertinence'이라는 이 특성은 기계를 외부에서 관찰만 한 사람들에게서 좀체 나타나지 않는다.

수르코프가 설명한 이 불길한 전략에 현재 피를 보고 있는 나라가 우크라이나다. 프랑스 대통령이 젤렌스키와 일대일로 만난다. 이번에는 보좌관들이 무슨 일을 도모할 여지가 없다. 전쟁 발발 이후로 지금이 가장 극적인 순간인지도 모른다. 우크라이나인들은 숨이 턱까지 찼는데 이미 사상자가 수십만에 이르는 러시아 군대는 인명 피해를 개의치 않고 진군한다. 미국의 선거 양상은 점점 더 불확실해지는 국제적 동맹을 아예 와해시킬 위험을 드러낸다.

나는 우크라이나 사무소 지하 벙커에서 두 정상이 무슨 얘기를 나누었는지 모른다. 내가 아는 것은, 한 번도 목격한 적 없는 장면이 회의 막바지에 펼쳐졌다는 것이다.

---

* 프랑스 극작가이자 시인 장 콕토의 말 인용

30분쯤 지나서 마크롱이 밀랍 가면 같은 얼굴로 문을 열고 나온다. 자리를 뜨려는 몸짓으로 보건대 대담은 끝났다. 그때 젤렌스키가 안에서 나온다. 키가 작고 근육이 다부진 그는 전 세계가 알아볼 수 있는 예의 군복 차림이다. 어쩔 줄 몰라 하는 망연자실한 표정에, 당장이라도 눈물을 쏟을 것 같다. 젤렌스키가 마크롱에게 다가가 귓속말로 무언가를 속삭인다. 뭔가를 간청한다. 프랑스 대통령이 뒤돌아서서 대답한다. 두 대통령은 아무도 그들의 얘기를 들을 수 없게끔 긴장된 상태로 서로 딱 붙어 일 분 정도 더 얘기를 나눈다. 마침내 마크롱의 표정이 바뀐다. 미소까지 짓지는 않지만 턱의 긴장이 풀렸다. "그것도 하나의 아이디어군요." 마크롱은 그렇게 말하고 젤렌스키와 문 앞에서 헤어진다.

혼돈이 어느 단계를 넘어가면 질서를 재정립하는 유일한 수단은 희생양을 확정하는 것이다. 그리고 우두머리는, 그가 누구이건 간에 늘 대기 중인 희생양이다. 톨스토이는 그를 "도살장에 보내기 위해 살을 잘 찌운 숫양"[6]에 비유했다. 승리, 국민들의 복종, 권력, 행운에 힘입어 토실토실 살이 올랐다가 어느 날 갑자기 그를 추대했던 바로 그 힘에 의해 도살당한다. 나는 젤렌스키가 그러한 운명을 피하기를 바란다. 그러나 정치의 법칙을 벗어나는 예외는 극히 드물다.

정치적 비극의 수준 높은 감식가였던 로마인들은 카피톨리움* 옆에 타르페이아** 바위를 두었다. 사형을 선고받은 반역자들은 한때 그들이 영광을 누렸던 곳에서 불과 몇 미터 떨어져 있는 이 바위 위에서 허공으로 내던져졌다. 오늘날에도 이러한 원칙은 유효하다. 비록 정치적 비극이 요즘은 〈더 웨스트 윙〉 10퍼센트, 〈하우스 오브 카드〉 20퍼센트, 〈빕〉 70퍼센트인 익살극의 양상을 띠지만 말이다.

§

넉 달 간격으로 미국을 두 번 방문했던 일이 기억난다. 1차 방문은 2016년 10월이었다. 미국 대통령 버락 오바마는 백악관을 떠나기 전에 자신과 친한 이탈리아 총리 마테오 렌치의 마지막 미국 방문을 받아들였다. 공항에서 의전 행사와 국가 연주가 있었고, 워싱턴까지 고속도로가 통제되었다. 백악관에 도착하니 밤이었다. 다음 날 아침, 완벽하게 관리된 너른 잔디 위로 태양이 빛났다. 오바마 대통령 내

---

* 고대 로마에서 세 명의 신(유피테르, 유노, 미네르바)에게 봉헌된 신전
** 기원전 8세기 로마 사령관 스푸리우스 타르페이우스의 딸로, 사비니인들로부터 보석을 받기로 하고 로마를 배신하여 성문을 열었다. 그 후 사비니인들에게 죽임을 당했고 그녀의 시신이 내던져진 카피톨리노 언덕 남쪽 절벽을 '타르페이아 바위'라고 부르게 되었다.

외가 현관 앞 층계 위에서 이탈리아 총리를 기다렸다. 계단마다 정복을 갖춰 입은 군인이 서 있었고 나팔 소리를 신호로 열아홉 발의 예포가 울려 퍼졌다. 나는 마테오와 그의 아내를 바라보면서 뭔가 비현실적인 기분이 들었다.

넉 달 후 우리는 정기노선을 타고 다시 한번 워싱턴 공항에 도착했다. 입국 절차는 번거로웠다. 나의 동행 마테오는 이제 이탈리아 총리가 아니지만 출입국 심사관에게 의심스러운 인물로 보이기 때문이다. 이민국 직원들은 유럽 연합 여권 소지자라면 원칙적으로 누릴 수 있는 ESTA(비자 면제)를 거부했다. "내가 총리로서 이란과 이라크를 다녀온 건 사실이지요." 마테오가 미소 짓는다. 그의 빈정대는 유머 감각은 결코 빛을 잃지 않았다.

§

그렇긴 하지만 정치에서 고통스러운 것이 실각만은 아니다. 진실은 이 바닥이 늘 고통스럽다는 것이다. 이걸 견딜 수 있는 사람이어야 한다. 마치 수천 톤의 바닷물 속에서 수압을 견디며 살아가는 심해 어류처럼.

유리 궁전 5층의 각국 대표단 식당, 프랑스가 '파리 협약 공동체 Communauté du pacte de Paris pour les peuples et la planète'를 기

넘하여 마련한 만찬 자리에 약간 주저하는 표정으로 앉아 있는 이 사내를 보자. 그가 영국의 신임 총리 키어 스타머다. 보리스 존슨의 엉뚱한 행보와 영국 역사상 최초의 비非백인 총리의 짧은 임기 이후에 런던 출신의 머리가 희끗한 육십 대 변호사가 총리가 되었다. 공손하니 미소 띤 얼굴의 스타머는 루이필리프*에 대한 문장을 떠올리게 한다. "그가 거리를 걷는다. 우산을 들고서……."[7]

그의 시작이 순탄했다고는 말할 수 없다. 실수, 폭동, 예산 삭감, 나아가 인심 후한 기부자에게 선물 받은 안경을 둘러싼 스캔들까지. 그 결과, 총리로 선출되고 두 달 만에 여론 조사에서 그의 지지율은 바닥을 쳤다. 포퓰리스트들이 뭐라고 떠들든 간에 정치도 엄연히 직업이다. 심지어 가장 힘든 직업 축에 든다. 정치는 끊임없이 조롱당하고 바보 취급을 당할 위험에 ― 특히 바보가 아닐 때는 더욱더 ― 노출되는 활동이다.

스타머의 전임 총리들 중 한 사람인 토니 블레어가 얼마 전 책을 냈다.[8] 그 책에서 저자는 정치 지도자들이 일반적으로 세 단계를 거치게 된다고 주장한다. 처음 권력을 잡

---

* Louis-Philippe I(1773~1850). 1830년 7월 혁명 이후 즉위한 프랑스의 '시민 왕'으로, 귀족 왕정 대신 부르주아 계급의 이해를 대변한 군주

을 때는 경청의 자세를 취한다. 자신이 모르는 게 많다는 것을 알고, 자기 역할을 어떻게 해석해야 할지 이해하려 애쓰기 때문이다. 그러다 어느 정도 시간이 지나면 충분히 경험이 쌓였고 모든 것을 이해했다고 착각할 만큼 스스로 확신에 빠진다. 이것이 가장 위험한 국면, 즉 오만hubris의 국면이다. "더 이상 남들의 이야기를 듣고 싶지 않은가? 당신이 대장인데 누가 당신보다 더 잘 알겠는가?" 블레어는 이렇게 썼다. 마지막 성숙의 단계에는 소수의 지도자들만 도달한다. 이 단계에서는 자신의 경험이 정치적 지식의 총합은 아님을 깨닫고 다시 남들이 하는 말을 경청하기 시작한다. 대부분의 지도자가 이 경지에 이르지 못한다고 블레어는 말한다.

문제는 이런 종류의 삶이 신진대사를 용납하지 않는다는 것이다. 외부 자극이 너무 끊임없이 이어지기 때문에 뇌는 반응할 시간조차 거의 없다. 정치인은 모험이 다 끝난 후에야 자신이 걸어온 길을 되짚어 보면서 거기서 모종의 가르침을 끌어낼 수 있다. 물론 그렇게 되짚어 볼 능력, 점점 더 보기 드물어지는 이 능력이 있다면 말이다. 그리고 수면으로 올라오는 심해어들이 으레 그렇듯 몸이 터져 죽지 않는다면 말이다.

§

유엔 총회의 대회의실은 유엔 본부 건물을 설계한 이들의 역량이 집중된 진정한 걸작이다. 그렇게 공간이 큰데도 오스카르 니에메예르*의 개성적인 손길이 느껴지고 그가 브라질에 지은 건축물 중 하나처럼 열대풍의 멋이 있다. 이렇게 광대한 홀이 친밀하고 편안한 느낌을 주는 경우는 어디서도 보지 못했다. 그리고 역사의 숨결도 있다. 프라토산 녹색 대리석으로 만든 연단, 유엔 장식 휘장이 새겨져 있는 금빛 배경, 신문 1면이나 텔레비전 뉴스 헤드라인, 혹은 첩보영화에서 누구나 마르고 닳도록 보았을 나무 빗살 벽면이 그렇다.

유엔 총회 연단에서의 연설은 전 세계 정치적 웅변술의 판테온에서도 아주 특별한 위치를 차지한다. 존 F. 케네디는 수사학적 박력을 보여 주었다. "신사 숙녀 여러분, 결정은 우리 몫입니다. 전 세계 나라들이 이처럼 잃을 것도 많고 얻을 것도 많은 때는 일찍이 없었습니다. 우리는 함께 지

---

* Oscar Niemeyer(1907~2012). 브라질리아와 유엔 본부 설계에 참여한 브라질 모더니즘 건축의 대표적 거장으로, 철근 콘크리트의 조형 가능성을 선구적으로 확장한 인물

구를 구하든가, 그게 아니면 함께 불길 속에서 멸절할 것입니다." 피델 카스트로는 쿠바에서 권좌에 오르고 나서 일년 후 유엔 총회에서 무려 네 시간 반짜리 연설을 했다. 바로 그해에 니키타 흐루쇼프*는 필리핀 대표의 연설 도중 구두를 벗어 탁자를 두들겼다. 그리고 1974년, 야세르 아라파트**는 대표들에게 이렇게 말했다. "나는 한 손에는 올리브 나무 가지를, 다른 손에는 자유를 위해 싸우는 전사의 무기를 들고 왔습니다. 내 손에서 올리브 나무 가지가 떨어지지 않게 해 주십시오." 로널드 레이건은 인류를 공동의 목표로 하나 되게 하는 방법은 외계의 위협밖에 없지 않을까 생각했다.

그런 기억들이 있기에 대회의실에 들어와 발견하게 되는 사실이 더욱 당황스럽다. 연사의 말을 경청하는 사람은 어느 때고 열다섯 명 이상 찾아보기 힘들다. 전 세계에서 가장 주목받는 지도자가 나서야 서른 명 정도 귀를 기울일까. 나머지는 모두 휴대전화를 들여다보고, 노트북으로 일을

---

* Nikita Sergeyevich Khrushchyov(1894~1971). 스탈린 사후 소련을 이끈 공산당 제1서기로, 스탈린 격하와 우주 개발·개혁을 추진했으나 정책 실패와 독선으로 1964년 실각한 지도자
** Yasser Arafat(1929~2004). 팔레스타인 자치 정부의 초대 수반이자, 팔레스타인 해방 기구의 의장이었다.

하고, 자기네끼리 잡담하고, 저녁으로 초밥을 먹을까 스테이크를 먹을까 고민한다.

그렇다고 여기서 하는 연설이 중요하지 않은가 하면 그건 또 아니다. 단지 목표가 바뀌었다. 좌중을 열광시키는 것은 이제 연설의 관건이 아니다. 신호를 제대로 보내는 것이 관건이다. 그리고 이 신호의 원칙은 언제나 같다. 차이를 만들 수 있는 예상 밖의 단어 몇 개가 그 원칙이다.

총회 연단에서 프랑스 대통령이 효과 없는 말과 무력한 외교의 위험성을 상기시킨다. 그다음에는 자신이 방금 소환한 마법을 물리치려는 듯이 이런 유의 발언을 한다. "우리는 이스라엘이 레바논에서의 확전을 중단할 것을 강력히 촉구하며 헤즈볼라 역시 이스라엘 공격을 중단할 것을 강력히 촉구합니다. 또한 그들에게 방편을 제공하는 모든 이에게 그러한 지원을 중단할 것을 강력히 촉구합니다." 이쪽에서든 저쪽에서든 분쟁을 확대하는 방편을 지원하는 모든 이. 폭탄은 투하되었으나 그 수취인들, 그중에서도 미국은 이번만큼은 아무것도 알아차리지 못한 척할 것이다.

게다가 프랑스 대통령이 연설을 마치고 만나기로 한 상대가 바이든이다. 백악관의 임차인이 유리 궁전에 행차할 때는 총회에서 연설할 때뿐이다. 그 외에는 유엔 본부에서 몇 블록 떨어진 호텔에 자기만의 본부를 꾸려 놓고 그가 면담하기로 한 이들을 모두 그곳으로 불러들인다.

우리는 바클레이 호텔 로비에 도착한다. 사이공 함락 직전의 마지막 나날들 같은 분위기다. 군인들, 외교관들, 하수인들, 사업가들, 스파이들이 그곳에 있다. 바에서 위스키 몇 잔, 맥주, 제로 콜라를 들이켜고들 있는데 어쨌든 아직 오후 세 시밖에 안 됐다.

위층에는 보안 출입구를 두 개나 더 통과해야 들어갈 수 있는 대형 홀이 있다. 기둥들, 장식 몰딩, 벽지, 두툼한 카펫 등 미국인들이 좋아하는 모든 것이 갖춰져 있다. 그리고 묵직한 벨벳 막사가 흡사 영구대靈柩臺처럼 홀 중앙을 차지하고 있다. 그 막사 안에서 미국 대통령은 회담을 진행한다.

찌릿찌릿한 긴장감이 주위에 쌓여 가고 대표단들이 왔다 갔다 한다. 마침내 한 여성이 모습을 드러낸다. 우르줄라 폰데어라이엔, 유럽 연합 집행 위원회 위원장이다. 키가 작고 한 치 흐트러짐 없는 위원장은 남성 동료들과 다를 바 없는 에너지를 발산한다. 하지만 중심은 비어 있다. 참 이상한 기분이 든다. 그 장면의 한가운데에는 기력이 다한 할아버지 한 사람밖에 없다. 그 노인이 세월아 네월아 눌러앉아 있다. 모두가 나중을 생각하고 있는데 그는 여전히 거기에 있다. 그는 불편한 존재가 되고 싶은 마음이 추호도 없지만 지구가 불타오르는 이때 뭘 어떻게 해야 한단 말인가? 대서 양주의Atlanticism 노선에 선 마지막 대통령, 냉전의 마지막 투사, 마지막 국제주의자. 그러나 그의 대외 정책 성적표는 무너져 내린 폐허 더미나 다름없다.

기대와 달리 프랑스 대표단은 득의만면해서 바클레이 호텔에서 나온다. 레바논에 즉각 휴전이 이루어져야 한다 는 프랑스 측의 발의를 미국 측에서 받아들였기 때문이다. 짧은 전율이 대표단을 관통한다. 뭔가가 드디어 움직이기 시작한 것일 수 있다. 그 후로 이어진 몇 시간 사이에 유럽 연합, 독일, 이탈리아, 일본, 오스트레일리아, 캐나다, 사우 디아라비아, 아랍에미리트연합, 카타르가 프랑스-미국의 발의에 대한 지지를 표명한다. 이 모든 흥분, 이 모든 혼란, 이 모든 논의, 심지어 이 모든 티격태격마저도 아직 쓸모가 있는 걸까? 그런 것들이 여전히 현실에 영향을 미칠 수 있 는가? 네타냐후가 드디어 뉴욕으로 출발했다는 소식이 들 린다. 이스라엘 총리는 금요일 총회 연단에 오를 예정이다. 그가 이번 기회에 일시적 정전을 선포하기를 바랄 뿐이다.

저녁이 깊어 갈 무렵, 평온한 만족감이 프랑스 대표단 원들 사이에 감돈다. 대통령, 대사, 보좌관들이 위스키 한 잔을 스스로 허용한다. 이렇게 〈더 웨스트 윙〉 같은 순간은 아주 드문 법이니 충분히 음미해야 한다. 계획의 설계자 에마뉘엘 본은 도취를 억누른 채 온라인 신문 1면 기사들을 살펴보고, 아주 길었던 이 하루를 단계별로 되짚으면서 미국 대통령이 프랑스에서 페르시아만 지역 자문을 맡은 한 여성에게 두드러지게 나타낸 호감을 두고 농담을 한다.

알렉상드르 코제브*가 했던 말이 다시금 생각난다. 코제브는 1940년대 말에 자기 세대에서 가장 존경받는 철학자라는 위치를 걷어차고 프랑스 경제부에서 국제 협상가로 활동했다. "나는 이 일을 좋아합니다. 지식인의 경우는 성공이 성취를 대신하지요. 책을 써서 그 책이 성공적인 반응을 얻으면 그걸로 끝이에요. 하지만 여기는 다릅니다. 여기엔 진짜 성취가 있어요. 내가 제안한 관세 체계가 채택되었을 때 얼마나 큰 기쁨을 느꼈는지 얘기한 적 있지요? 일종의 한 차원 더 높은 게임이라고 할까요."[9]

하지만 지금은 게임이 점점 더 어려워지고 있다. 카지노 단골들은 게임마다 승률이 다르다는 것을 잘 안다. 슬롯머신은 집어삼킨 돈의 60퍼센트만 도로 토해 내지만, 블랙잭은 실력 있는 게이머라면 99퍼센트까지도 회수가 가능하다. 지난 몇 년 사이에 보좌관, 협상가, 그 외 '페이스메이

• Alexandre Kojève(1902~1968). 러시아 출신의 프랑스 철학자로 파리 고등 사범학교에서 헤겔을 가르치며 20세기 프랑스 철학 전반에 지대한 영향을 미쳤다.

커'들은 블랙잭 테이블이라는 천국의 가장 높은 곳에서 슬롯머신들이 즐비한 시끄러운 통로로 밀려나기라도 한 듯 성공률이 계속 곤두박질쳤다.

다음 날 아침, 무참한 각성이 있을 것이다. 네타냐후는 유엔에 코빼기도 보이지 않는다. 폭격은 잠시 중단하는 기미조차 없었다. 그러고서 몇 시간이 더 지나면 상황이 명백해질 것이다. 이스라엘 총리는 결국 금요일 총회 연단에 서지만 그로부터 한 시간도 채 지나지 않아 이스라엘 공군이 헤즈볼라의 수장 나스랄라'의 벙커가 있는 베이루트 남부의 건물 밀집 지역을 초토화할 것이다. 그 후 몇몇 비판적인 인사들은 네타냐후의 유엔 총회 참석 자체가 나스랄라의 경계를 늦추게 하려는 수작이었을 뿐이라고 떠들 것이다. 새로운 세계에서는 유엔도 적이 가장 흐트러져 있을 때 공격을 가하기 위한 미끼일 뿐이다.

푸틴은 2014년에 크림반도를 점령하면서 제2차 세계대전 이후 어렵사리 구축한 금기를 깨뜨렸다. 그 금기란 어

• Hasan Nasrallah(1959~2024). 레바논의 정치인으로, 레바논 정치 조직이자 준군사 조직인 헤즈볼라의 세 번째 사무총장. 2024년 9월 27일 이스라엘 방위군이 단행한 헤즈볼라 본부에 대한 폭격으로 사망했다.

떤 국가도 무력을 사용하여 국경을 변경해서는 안 된다는 것이다. 2022년 우크라이나 침공은 가장 방심한 자들에게까지 메시지를 확대했다. 전쟁이 다시 유행하고 있다. 전쟁을 방편으로 내세우는 지도자들이 선거에서 이긴다. 그중 일부는 실제 행동으로 넘어갔다. 지난 5년 사이에 전 세계 군비 지출은 34퍼센트나 증가했다.

전쟁의 열기가 지구촌을 휩쓴다. 비단 권위주의적 체제들만의 얘기가 아니다. 미국은 외교관들이 치열하게 협상을 도모하던 시대에서 벗어나 군사력을 앞세우는 무력외교의 시대로 넘어왔다. 지난 몇 년 사이에 기술 우위가 다양한 지역 상황에 대한 심층 분석을 대신할 수 있으리라는 환상이 퍼지면서, 물리적 무기나 디지털 무기는 대외 정책의 최후 수단이 아니라 가장 먼저 들이미는 수단이 되어 버렸다. 사정이 이러하니 정교한 계획을 구상하는 자문 및 보좌역들은 이제 멸종 위기에 놓여 있다. 예로부터 미국 대사로 임명되는 이들의 4분의 3은 직업 외교관 출신이었고, 나머지 4분의 1은 대통령의 정치적 후원자들이 차지했다. 그러나 2017년에 도널드 트럼프는 이 비율을 뒤집어 압도적 다수를 자신의 지지자들로 채웠다. 2025년 트럼프의 복귀는 직업 외교관 출신 대사의 맥을 완전히 끊어 놓을지도 모른다.

심지어 유럽, 그 온화한 유럽에서조차 감히 외교적 노력을 촉구하는 자는 대놓고 지탄받는다. 그들은 독일의 메르켈 전 총리, 이탈리아의 프로디 전 총리처럼 과거에는 존경받았으나 지금은 이토록 무자비한 세상에서 너무 순진한 거 아니냐고, 심지어 비겁하다고 비난받는 이들과 함께 역사에서 잊힌다.

그 사이, 1980년대 중반부터 감축되었던 핵무기가 다시 늘어나기 시작했다. 중국은 북부 사막에 미사일 사일로를 수백 개 건설해 놓았고 북한의 핵미사일은 미국 서부 해안 도시들을 직접 위협하고 있다. 이란은 그 어느 때보다 핵무기에 근접해 있고, 러시아의 핵 위협은 우크라이나 전쟁의 향방에 그림자를 드리운다. 맨해튼 프로젝트의 계승자들이 업데이트하는 '종말 시계'는 2023년 기준, 자정에서 90초 전을 가리킨다. 1947년 창설 이후로 이토록 종말에 근접한 때는 없었다.

• 원자 과학자 회보Bulletin of the Atomic Scientists는 1945년 맨해튼 프로젝트 과학자들이 만든 비영리 단체로 과학·안보 이슈를 다루며 핵무기가 초래하는 위험을 알리기 위해 1947년 '지구 종말 시계'를 고안했다.

무한 폭력의 시대, 민주주의는 안전한가

무한 폭력의 시대, 민주주의는 안전한가

예전에 나는 피렌체에서 있었던 과학적 조사에 참여한 적
이 있다. 그 조사의 목적은 베키오 궁전의 대연회장 벽면을
뒤덮고 있는 조르조 바사리의 대형 프레스코화 뒤에서 레
오나르도 다빈치의 〈앙기아리 전투〉의 흔적을 찾는 것이
었다.

　〈앙기아리 전투〉는 밑그림에 불과한 미완성 작품이다.
다빈치는 베키오 궁전 오백 인의 홀 동쪽 벽에 피렌체 공화
국이 밀라노 공국을 물리친 영광스러운 장면을 구현할 임
무를 맡았다. 밀라노 공작은 망명한 피렌체 귀족 가문들을
등에 업고 피렌체를 장악할 마음을 먹었다가 패망했다.

　바사리의 프레스코화 주위에서 엔지니어들이 기계를
다루며 분주히 일하는 동안, 내 눈에는 수염을 기른 한 사내
가, 우리가 쓰는 것과 그리 다르지 않은 비계 위에서 거대한

화로들에 둘러싸여 홀로 일하는 모습이 보이는 듯했다. 당시 레오나르도는 납화법蠟畵法이라는 옛날 기법을 쓰기로 마음먹었는데, 이는 (가열한 밀랍에 넣어 녹인) 뜨거운 물감을 벽에 직접 칠하고 이상한 금속 도구들로 고정하는 방법이다.

다빈치의 의도는 역사적 기념보다 전쟁의 야만성을 있는 그대로 보여 주는 데 있었다. 그는 이탈리아가 수 세기 동안 잊고 살았던 그 잔인무도함을 몇 년 전 샤를 8세의 군사 원정 현장에서 자기 눈으로 확인했다.

이탈리아의 나라들은 군사 문화를 버리고 외국 용병들에게 분쟁 해결을 맡긴 지 이미 오래였다. 반면 프랑스인들은 잉글랜드와의 백 년 전쟁으로 단련되어 있었으므로 프랑스 군대는 강력하고도 무자비했다. 민간인을 존중하고 나중에 통치할 영토에 불필요한 피해를 주지 않으려는 경향이 있었던 이탈리아 군대와 달리, 프랑스 군대는 이미 '총력전'을 신봉하고 있었다. 그래서 프랑스인들은 어떤 마을이나 요새를 점령하면 닥치는 대로 전부 베어 버렸다. 귀차르디니'는 몬테 산 조반니 점령의 참상을 전하며 프랑스인

- Francesco Guicciardini(1483~1540). 『이탈리아사』를 쓴 르네상스 시대의 역사학자로, 몬테 산 조반니 사건을 1495년 이탈리아 전쟁 중 프랑스 군이 저지른 민간인 학살의 예로 들었다.

들이 주민들을 한 명도 남김없이 죽이고 마을을 불살랐다고 증언한다.[1]

전쟁은 무엇보다 충동, 혼돈, 파괴다. 바로 그러한 이유로 레오나르도는 앙기아리 전투를 법도 없고 신앙도 없는 인간들의 난투극으로 그려 내고자 했다. "먼저 포병대에서 피어오르는 연기가 공기에 감돌고 말과 병사들의 움직임에서 자욱하게 일어나는 먼지가 뒤섞이는 모습을 보여 줄 것." 거장은 자신이 그리고자 하는 전투의 분위기를 이미 내다보았다. "사방에서 솟아오르고, 떨어지고, 직선으로 날아가는 화살들이 허공에 가득할 것이다. 머스킷 총 탄환들이 지나간 자리에는 연기 꼬리가 남을 것이다."[2]

13년 전에 우리는 그렇게 애를 썼는데도 베키오 궁전에서 그 벽화의 흔적을 찾아내지 못했다. 하지만 지금은 레오나르도가 환기했던 전쟁의 광기가 모든 뉴스 이면에서 떠오르고 앙기아리 전투의 포연砲煙이 우리가 매일같이 숨쉬는 공기에 섞여 있는 것 같다.

리비아, 페르시아만 일대, 우크라이나 — 평화를 기반으로 재건한 유럽 대륙의 가장자리 쪽은 이제 전쟁터일 뿐이다. 그리고 하루가 다르게 전쟁은 유럽의 국경들 안쪽으로 더 깊이 들어오고 있다. 지난 몇 달간 러시아 요원들이 스페인에서 망명 인사들을 암살하고, 쇼핑센터에서 방화를 저지르고, 화물 수송기 다수에 폭탄이 든 소포를 배치했으며, 독일 최대 무기 조합 중 한 곳의 대표 이사를 죽이려고 했다는 혐의를 받았다. 대대적인 허위 정보 유포 작전이 본격적인 사이버 공격으로 둔갑하는 경우가 점점 빈번해지고 있다. 미디어가 늘 사실 자체에 접근하는 것은 아니다. 그런데도 이를테면 유럽 여러 나라에서 지방 선거나 총선이 있을 때마다 투표소들은 어김없이 해킹의 표적이 된다.

이러한 폭력의 폭발적 분출은 전쟁사가들이 오래전부터 익히 아는 논리에 부응한다. 전쟁사를 살펴보면 방어 기술이 공격 기술보다 빠르게 발전하는 시기가 있다. 공격 비용이 방어 비용보다 크기 때문에 전쟁이 점점 드물어지는 시기가 바로 여기에 해당한다. 그렇지 않은 시기에는 주로 공격의 과학 기술이 발전한다. 공격이 방어보다 훨씬 적은 비용으로 가능하므로 걸핏하면 전쟁으로 치닫는 피와 살육의 국면이 펼쳐지는 것이다. 레오나르도 다빈치가 살았던 시대에는 포병 전술이 유럽 전역으로 확대되었다. 그 결과, 성곽만 잘 구축하면 대부분의 공격을 막아 내며 비교적 평온히 지낼 수 있었던 시절은 끝나고 주철 포탄을 쏘는 대포들이 발전하면서 침략자들이 우위를 점하는 불화의 시절로 접어들었다. 그러다가 이탈리아 건축가들이 프랑스의 잦은 반도 침략에 대응하여 포병대의 공략에도 버틸 수 있는 이탈리아식 성형 요새trace italienne의 축성 기술을 개발했다.* 이 시기에 방어가 공격보다 우위를 점하면서 ― 공격 기술과 방어 기술 사이의 균형이 어느 정도 회복되면서 ― 평화가 다소간 다시 자리를 잡았다. 그 후에는 기동성 좋은 야전포, 가장 튼튼한 성곽에도 균열을 낼 수 있는 대포가 발전하면서 공격자들이 다시금 우위를 점한다. 새로운 전쟁, 새로운 폭력이 뒤따라왔고 이러한 양상이 오늘날까지 반복됐다.

제2차 세계 대전이 끝나고 냉전 시대를 거쳐 오면서 핵 억제력은 대대적인 공격의 비용을 감당 불가능한 것으로 만들었다. 그러나 지정학적 배경이 달라지고 과학 기술이 발전하면서 비교적 잠잠했던 이 국면도 끝나고 말았다. 이미 끝났다고 선언되었던 역사**를 다시 움직이게 한 뉴욕 쌍

---

* 포탄을 효율적으로 방어하기 위한 성곽의 배치가 별 모양을 닮았기 때문에 '성형'형 요새라고 부른다.
** 프랜시스 후쿠야마가 『역사의 종언』에서 소련이 붕괴하고 냉전에서 자유 민주주의가 승리했으므로 (보편적 정치 체제를 판가름하는) 역사는 끝났다고 주장한 것을 두고 하는 말

둥이 빌딩 테러는 비용이 100만 달러도 채 들지 않았다. 오늘날 미국 정부가 100억 달러를 들여 건조한 항공 모함은 중국의 극초음속 미사일 두세 발로 격침될 수 있는데 미사일 발사 비용은 1,500만 달러밖에 되지 않는다. 반대로, 레바논 남부에서 쏘아 올린 200달러짜리 드론을 격추하려면 이스라엘은 매번 300만 달러짜리 패트리어트 미사일을 발사해야 한다. 게다가 사이버 공격은 한 국가 전체를 마비시킬 수도 있지만 비용이 사실상 거의 들지 않는다.

요즘은 공격이 방어보다 싸게 먹힌다. 그쪽이 훨씬 비용이 적게 든다. 심지어 이 비용은 점점 더 낮아지고 있다. 미래에는 일부의 주장대로 개인이 전 세계를 상대로 전쟁을 선포할 수 있을지도 모른다. 사망까지 유발할 수 있는 새로운 병원체를 만들어 내는 DNA 합성기가 약 2만 달러, 중고차 한 대 값 정도에 불과하다는 점을 고려한다면 이 전망이 그리 먼 미래 같지도 않다.

챗지피티 제작사 오픈에이아이가 발표한 바에 따르면, 2024년 가을에 발표한 최신 모델은 인공 지능이 화학적·생물학적 무기, 방사선 무기, 핵무기 등의 제작에 악용될 위험을 상당히 높였다. 오픈에이아이는 기업 자체 내 등급표에서 그러한 위험을 가장 높은 단계로 분류하고도 제품을 그대로 시장에 출시했다. 하지만 어떤 규제 당국자도 이를 문제 삼지 않았다.

레오나르도 다빈치는 이탈리아 반도 전역에 흩어져 있던 옛 제도, 소규모 공국, 공화국이 고삐 풀린 폭력 앞에 무너지는 시대를 살았다. 그가 오백 인의 홀에 앙기아리 전투를 벽화로 남기려 했던 때로부터 불과 몇 년 후, 피렌체는 더 이상 공화국이 아니게 되었다. 그리고 다가온 수 세기 동안 반도는 외세들이 맞부딪치는 격전지로 전락하고 만다. 이탈리아인들은 19세기 후반에 이르러서야 독립을 되찾는다.

오늘날 우리의 민주주의 체제들은 아직 굳건해 보인다. 하지만 엄혹한 때가 다가오고 있다는 것을 이제 아무도 의심하지 않는다. 이번에 선출된 미국 대통령은 일말의 가책도 없는 독재자, 테크 정복자, 수구 세력, 대놓고 싸우고 싶어 안달 난 음모론자의 잡다한 행렬을 선두에서 이끌고 있다. 무한 폭력의 시대가 우리 앞에 열려 있건만, 레오나르도의 시대와 마찬가지로 자유를 수호하는 진영은 장차 마주할 과업을 감당할 준비가 미흡한 듯하다.

세계에서 가장 강력한 왕세자, 무함마드 빈 살만

"왕세자는 매우 상냥한 분입니다." 리야드 리츠칼튼 호텔의 보안 검색대를 통과하는 동안 왕세자와 친하게 지내는 어떤 이가 내게 해 준 말이다. 하긴, 누가 의심할 수 있겠는가? 동양의 동화 속에서 튀어나온 듯 대리석과 공고한 석재로 아름답게 장식된 작은 방에서 왕세자가 10여 명의 대기업 총수들을 이토록 싹싹하게 맞아들이고 있는데 말이다. 그는 연신 미소를 짓고 거의 어린애만큼이나 천진한 그 미소가 상대방의 경계심을 해제한다. 왕세자 무함마드 빈 살만*, 일명 MBS가 좀 더 어렸을 때, 그러니까 그가 수백 명에 달하는 사우디아라비아의 왕자 중 하나에 불과했고 눈에 띄기 위해서 실력을 인정받아야 했던 때와 똑같은 미

---

* Mohammed bin Salman Al Saud(1985~). 사우디 초대 국왕 압둘아지즈의 손자이자 살만 국왕의 일곱 번째 아들로, 2022년부터 총리로 재임하고 있다.

소다. 왕세자는 거인의 풍채를 지녔지만 착한 거인이다. 그의 두루뭉술한 몸집은 상대를 품 안에 끌어안기에 안성맞춤이다. 미국인들이 베어 허그bear hug라고 하는, 곰이 하는 것 같은 포옹 말이다. 왕세자 주위에서 밀착 경호를 하는 요원들은 신경이 곤두서 있다. 입구의 폭탄 탐지기를 지나고, 긴 칼을 들고 흰색 디슈다샤* 차림으로 복도에 두 줄로 늘어선 전사들을 지나고, 녹색 제복을 입은 좀 더 현대적인 경비병들이 빼곡한 전실까지 지나왔으니 이제 이 경호원들이 최후의 보루다. MBS는 사람 좋은 모습만 내비친다. 그와 함께 있으면 평화로운 오아시스에 다다른 것 같다. 손님들이 그를 소개받고 인사를 하기 위해 줄을 서 있다. MBS는 그들 한 사람 한 사람에게 미소를 짓고 격려의 말을 건넨다. 방이 예배당처럼 금빛과 자개 장식, 세밀한 상감 기법으로 꾸며져 있기 때문인가, 왠지 첫영성체 의식을 지켜보는 기분이다. 아니, 세례식과 더 비슷하려나. MBS가 왕세자로 등극하고서부터 미래 숭배는 사우디아라비아의 가장 주요한 종교가 되었다. 폭은 200미터에 불과하지만, 장장 170킬로미터나 펼쳐질 (900만 인구를 수용하면서 이산화탄소는 배출하지 않는다는) 신도시**, 동계 올림픽 개최, 뉴욕 면적의

---

* 칼라가 없고 소매가 긴 가운 형태의 아랍 전통 의상
** 사우디아라비아의 미래 도시 프로젝트 더 라인The Line을 일컫는다.

33배에 달하는 팔각형 형태의 플로팅 항만 도시, 리야드 국제 엑스포, 신공항 건설과 새로운 국적 항공사 설립, 수소, 로봇, 그리고 당연히 인공 지능에 대한 그의 제왕적 야심 넘치는 프로젝트들 덕분이다. 이 모든 일이 바로 여기서, 이 온화한 왕세자의 추진하에 일어나고 있다.

하지만 사소한 한 가지가 마음에 걸린다. 바로 이 장소 말이다. 리츠칼튼은 사우디아라비아의 수도에서 단연 최고로 꼽히는 호텔이다. 그러다 보니 사우디아라비아를 방문하는 국가 원수들, 기술 제국의 군주들, 순회 일정 중인 유명인들이 주로 투숙한다. 게다가 2017년부터 왕세자가 매년 주최하고 있는 '사막의 다보스 포럼"도 여기서 열린다. 하지만 바로 그 2017년 11월 4일에 맞춰 이 호텔에 객실을 예약했던 기업인들은 낭패를 겪었다. 그들의 예약이 하루 아침에 취소되었기 때문이다. 이미 투숙 중이던 고객들은 퇴실 조치를 당했으니 차라리 예약이 취소된 게 나았을지도 모르겠다. 호텔 웹사이트에는 호텔을 잠정 폐쇄한다는 공지가 떴다. 그렇다고 호텔을 정말 비워 둘 작정은 아니었다. MBS는 단지 조금 다른 종류의 연회를 열 계획이었다.

• 　매년 사우디아라비아 리야드에서 열리는 미래 투자 회의Future Investment Initiative의 별칭

당시의 MBS는 두루뭉술하고 서글서글한 얼굴의 군주가 되기 전이었다. 불과 넉 달 전에 왕세자로 지명된 그는 서른한 살이었고, 주위에는 그를 질시하는 삼촌들과 사촌들이 들끓었다. 게다가 그 왕족들은 대부분 무한한 자원을 손에 쥐고 국가의 모든 부문과 부처, 경찰력을 휘두를 수 있었으므로 왕세자의 위치는 아직 불안정해 보였다. 심지어 전임 왕세자가 자발적으로 물러난 듯 보이지만 그건 다 쇼에 불과할 뿐, 왕궁에 밤새 감금되어 MBS의 부하들에게 감시를 당했기 때문에 그런 결정을 내렸을 거라고 떠드는 사람들도 있었다.

11월 초, 사우디아라비아에서 내로라하는 재력가와 권력자 350명은 결코 거절할 수 없는 초대를 받았다. 개인 맞춤형 소환이었다고나 할까. 어떤 이들은 81세의 연로한 국왕이 부르는 자리로 알고 갔고, 또 어떤 이들은 아들 무함마드가 직접 부르는 것으로 알고 갔다. 소환 이유가 모호한 경우도 있었고, 구체적인 사유가 명시된 경우도 있었다. 예를 들어 12만 명을 통솔하는 국가 방위군 사령관 무타이브* 왕자는 예멘산 미사일이 리야드 교외에 떨어졌다는 통보를 받

---

* Mutaib bin Abdullah Al Saud(1952~). 사우디 초대 국왕 압둘아지즈의 손자이자 국가 방위군 사령관을 지낸 인물로, 2017년 반부패 단속 과정에서 체포되었다가 합의금을 지급하고 석방되었다.

았다. 다른 이들은 유리한 사업 기회라는 미끼를 물었다. 핑계를 대고 빠져나갈 수 없는 분위기였다. 즉시 왕궁으로 출두하라는 요청을 받은 이들은 그렇게 할 수밖에 없었다.

하지만 출두를 하고 보니 이럴 수가! 그들은 자기네가 데려온 자체 경호원들과 분리된 채 왕국 경호원들에게 신분증, 지갑, 휴대전화를 제출해야 했다. 그 후 리츠칼튼 호텔로 끌려가 왕세자의 손님 대접을 무기한 받게 될 거라는 통보를 받았다. 하룻밤 자고 일어났더니 직원들이 매우 공손한 자세로 300여 명의 왕족, 정부 각료, 억만장자 한 사람 한 사람에게 하얀 티셔츠 열두 장, 하얀 속옷 열두 벌, 하얀 양말 열두 켤레, 젤라바 세 벌, 잠옷 세 벌을 지급했다. 체류가 아무래도 길어질 모양이었다.

제국 양식 가구, 다마스크 벽지, 크리스털 샹들리에를 갖춘 리츠칼튼 호텔의 스위트룸에서 나는 그 왕자들, 그리고 왕가의 피가 흐르는 장관들과 재벌들이 그 의복 일습을 받았을 때 어떤 표정을 지었을지 상상해 본다. 눈치 빠른 이들은 이제 새로운 현실에 봉착했음을 그 순간 깨달았을 것이다. 더러는 아마도 안도하면서 새로운 것을 받아들였을 것이다. 때로는 책임을 내려놓고 자유에서 종속으로 옮겨가는 편이 되레 안심이 되기도 한다. 물론 어떤 이들은 유독 지내기가 힘들었을 것이다. 가령 알 왈리드* 왕자는 일상적인 삶의 예술을 추구하는 인물이었다. 그는 늘 석 대의 전용기 중 한 대로 여행을 다녔고, 주로 런던의 사보이 호텔 아니면 자신이 대주주로 있는 포시즌스 호텔 체인을 이용했다.『포브스』선정 세계 50대 부자 명단에도 올랐던 이 왕자가 리야드에 있을 때 으레 손님들을 맞이하는 곳은 자기 소유의 킹덤 센터 타워 펜트하우스였다. 그곳에서 알 왈리드는 왕좌를 차지하고 자신이 개인적으로 디자인한, 몸이 많이 드러나는 의상을 입은 모델들에게 둘러싸여 지낸다. 그에 비하면 살만 왕자**의 취향은 훨씬 세련됐다. 옥스퍼드와 소르본에서 수학한 그는 예술품 수집을 위해 전 세계를 누비고 다니며 그렇게 모은 작품들을 프랑스 남부 별장들이나 브레멘 뢰르센 조선소에서 건조된 여섯 척의 메가 요트에 두루 배치했다.

모든 왕족, 정부 인사, 억만장자는 ─ 이 세 가지를 겸하는 인물들도 드물지 않은데 ─ 갈아입을 옷을 받고 곧바로 심문에 응해야 했다. 물론 그때부터 상황이 한결 찜찜해졌다. MBS가 측량할 길 없는 호의를 베풀어 밀착 경호 요

---

* Al Waleed bin Talal Al Saud(1955~). 초대 국왕 압둘아지즈의 손자로, 사우드 왕가의 주요 일원이다.
** Salman bin Abdulaziz Al Saud(1982~). 사우드 왕가의 일원으로, MBS 숙청의 일환으로 2018년에 구금된 후로 지금까지 행방이 알려지지 않고 있다.

원들뿐만 아니라 블랙워터 용병들까지 포로들과의 대화에 대동했으니 말이다. 무알코올 포도주잔들이 맞부딪히던 리츠칼튼 응접실에서 그때부터 석 달간 이라크전 참전 용사들의 폭력적 심문 기법에 무릎 꿇은 재벌 왕족들의 애원, 낑낑대는 신음, 억눌린 비명이 울려 퍼졌다. 그들 모두에게는 그들이 뒤집어쓴 부패 혐의의 증거가, 때로는 아주 허술한 증거일지라도, 제시되었다. 그들이 혐의를 벗고 싶다면 자의로든 타의로든 MBS가 제시하는 조건을 수락해야만 했다.

물론 그렇다고 해서 왕세자가 매우 상냥한 인물일 가능성을 배제할 수는 없다. 하지만 그는 마키아벨리가 쓴 글에서 그대로 튀어나온 것 같은 인물이기도 하다.

1502년 12월 31일 밤, 피렌체 공화국 서기관이었던 마키아벨리는 아드리아해의 세니갈리아에 있었다. 그는 체사레 보르자, 일명 발렌티노 공작 곁에 공화국 대사로 파견을 나가 있었다. 보르자는 한때 자기 편이었던 비텔로초 비텔리, 올리베로토 다페르모, 오르시니 형제의 반역 음모를 꺾고 자신의 공국을 막 되찾은 참이었다.

그날 밤을 지배한 것은 화합이었다. 치열한 협상 끝에 다수의 관계자가 평화 협정을 체결했고 보르자는 자기 영지의 소유권을 되찾았다. 보르자, 비텔리, 그 외 다른 이들은 화친의 회복을 굳건히 하기 위해 세니갈리아 요새를 점거하고 성대한 연회와 함께 새해를 맞이하기로 했다. 보르자는 맨 먼저 요새에 도착했지만 예의상 다른 이들을 기다렸다가 위풍당당하게 입성하기로 한다. 그는 석 달 전까지만 해도 자기를 죽이려 했던 그들이 도착하자 한 사람 한 사람을 포옹했다. 다만 올리베로토만 자리에 없었는데 보르자는 그에게 빨리 오라고 전갈을 보냈다. 이런 자리를 놓쳐서야 되겠는가. 보르자는 화친을 기념하여 모두가 위풍당당한 입성 행렬에 함께하기를 바랐다. 그들은 실제로 중장기병과 스위스 근위병을 앞장세우고 행렬을 이루었다. 화려한 연회가 영주의 성에 준비되어 있었다. 밤이 깊어 가고 어느덧 즐길 만큼 즐긴 용병대장들이 그만 물러가겠다고 청하자, 보르자는 앞으로의 전략을 의논하고 싶다면서 개인 응접실로 그들을 데리고 갔다. 세니갈리아 점령은 시작에 불과하다면서 말이다! 그러나 잠시 후 보르자는 그들에게 사과하면서 자리를 비웠다. 그가 나가자마자 무장한 군인들이 구름 떼처럼 몰려와 그들을 체포했다. 그 후 보르자의 군대가 올리베로토의 수행원들을 무장 해제시키고 주민들을 참혹하게 약탈했다. 이 사건을 지켜본 마키아벨리는 그들 모두 그날 밤을 넘기지 못하고 저세상 사람이 될 거라 짐작했다. 그의 예측은 절반만 들어맞았다. 올리베로토와 비텔리는 실제로 밤사이에 교살당했지만 오르시니 형제는 목숨이 붙어 있었으니까. 그들은 왕족 신분이었기에 처형은 보름 후에나 이루어질 수 있었다.[1]

리츠칼튼 사건의 결말은 이보다 덜 잔인했다. 비록 호텔에 억류되었던 사람 중 한 명이 다소 집요한 심문 중에 사망하긴 했지만 말이다. 다른 사람들은 비교적 가벼운 대가를 치르고 빠져나왔다. 국가 방위군 사령관은 해임되었고 자유를 되찾기 위한 대가로 10억 달러짜리 수표에 서명해야 했다. 알 왈리드 왕자는 일명 워터보딩waterboarding이라는 물고문을 당한 후 60억 달러를 내놓았다는 말이 있다. 그는 현재도 전자발찌를 착용 중이며 허가 없이는 왕국 밖으로 나갈 수 없다. 그래도 일부 인사들에 비하면 이 왕자는 형편이 낫다. 가령 리야드 주지사를 지냈던 투르키 빈 압둘라* 왕자는 아직도 감옥에 있다.

결국 리츠칼튼의 이 잔치 덕에, 사우디아라비아는 젊은 왕세자의 거대한 프로젝트에 투입할 자금을 1,000억 달러 이상 거둬들일 수 있었다. 무엇보다 이 작전은 MBS의

---

* Turki bin Abdullah Al Saud(1971~). 초대 국왕 압둘아지즈의 손자로, 2013년부터 2015년까지 리야드 주지사를 지냈다. 2017년 반부패 단속에서 구금된 뒤 17년형을 선고받았다.

통치를 위협하는 주요 인물들을 제거했다. 권력층이 공고하게 단합된 모습을 보여야 하기에 소동을 일으키지 않고 권력자들끼리 다소간 평화롭게 지내면서 권모술수나 도모하던 엘리트 왕족들에게 이보다 더 충격적인 사태는 없었다. 세상에서 제일 호강만 하면서 살아온 그들의 마음속에 그 후로 두려움이 싹트기 시작했다. 호텔 스위트룸이 고문실로 변했던 기억 때문에 그들은 잠자리를 설치게 되었다.

"인간은 보듬어 주든가 짓밟든가 해야 한다. 인간은 가벼운 피해에 대해서는 복수하지만 정말로 큰 피해는 복수할 꿈도 못 꾼다. 따라서 피해를 입힐 바에는 복수를 두려워할 필요가 없을 정도로 철저히 짓밟아야 한다."[2] 세니갈리아의 밤에서 10년이 지난 후, 마키아벨리는 『군주론』에서 체사레 보르자를 본보기로 삼는다. 이상적 군주라기보다는 현실적인 권력의 동물이라는 본보기, 사람을 살살 구워삶을 줄도 알고 힘으로 굴복시킬 줄도 아는, 반쯤은 사자 같고 반쯤은 여우 같은 군주의 본보기로.

그로부터 다섯 세기 후에 등장한 MBS는 마키아벨리의 군주상을 구현하고 있다. 자기 휘하에 이탈리아를 통일하겠다는 웅대한 포부를 품었던 체사레 보르자처럼 MBS도 사우디아라비아를 강성하고 현대적이며 종교적 근본주의에서 벗어난 국가로 탈바꿈시키고 권력을 자기 손아귀에 집중시키겠다는 전략적 비전을 갖고 있다. 하지만 왕세자의 구상도 보르자의 계획과 마찬가지로 장차 어떤 반전을 맞게 될지 모르는 불안정한 사안이다.

리츠칼튼의 예배당 같은 방에서 이따금 왕세자의 눈에 비치는 조소의 기운을 본 것 같다. 마치 의전의 제약이 가리고 있는 일종의 평행 현실이 언뜻언뜻 비치듯, MBS가 의뭉스럽게 주고받는 눈빛에서, 즉 친밀한 측근들 몇몇하고만 주고받는 시선에서 그 현실의 일부가 단편적으로만 비친다. 그의 동생이자 국방부 장관인 칼리드 왕자, 문화부 장관인 바드르 왕자, 그리고 왕세자의 대대적 프로젝트를 총괄하는 파하드 알 툰시 등이 그 측근들이다. 그들은 젊고 대부분 마흔 살도 되지 않았다. 원래대로라면 그중 누구도 이토록 황홀한 위치에 올라서지 못했을 것이다. MBS는 수십 년간 사우디아라비아를 지배해 온 노인 정부를 단번에 뒤엎고 이 팔팔한 젊은이들을 자기 옆자리에 앉혔다. 그러니 이들이 느끼는 희열이 얼마나 클지 상상이 간다. 그리고 알 야마마궁*의 문이 닫히고 노인 정부의 마지막 각료까지 떠났

---

* 사우디아라비아 국왕의 관저

을 때는 보이지 않았던 다른 이들도 그 점은 마찬가지일 것이다. 트롤 군단을 이끄는 사악한 정령 같은 사우드 알 카타니[*]라든가, 경호원 출신으로 재상 자리까지 승진한 투르키 알 셰이크[**]라든가. 이것이 로제 니미에가 말하는 섭정 시기의 소꿉놀이 같은 면이다.[3] 부모들이 집을 비우고 외출하면 애들이 살판나는 것처럼, 그들은 와규 햄버거를 먹고 〈콜 오브 듀티〉로 한판 대결을 펼치고 런던과 두바이에서 온 여성들과 어울려 논다. 마치 죽기 아니면 살기 식으로 은행에 침입해서 한탕 하는 데 성공한 강도들처럼 분위기에 취해 있는 것이다.

잘 생각해 보면 MBS가 다섯 세기 만에 환생한 체사레 보르자 같다는 점은 전혀 이상하지 않다. 그 이유는 우리가 사는 이 시간 역시 마키아벨리적 시간이기 때문이다. 레오나르도 다빈치의 시대에 마키아벨리는 환상을 박살 냈다. 인문주의자들의 세련된 시대, 그들의 원칙과 규칙, 조국의 정치계를 좀먹는 끝없는 파벌 싸움도 외세가 화력을 기하급수적으로 퍼붓는 상황에서는 아무 의미가 없다. 『군주

---

* Saud bin Abdullah al-Qahtani(1978~). 사우디의 전 왕실 고문
** Turki bin Abdul Mohsen Al-Sheikh(1981~). 사우디 왕실 고문으로, MBS 권력 장악에 관여한 핵심 인물이며 인권 탄압 논란의 중심에 있는 관료다.

론』의 저자는 적법한 권력, 그러한 권력의 행사와 승계에 관한 규정에 관심이 없었다. 그런 것들은 그가 맞닥뜨리는 현실에 더 이상 속하지 않았기 때문이다. 마키아벨리가 관심을 둔 것은 모두가 모두를 상대로 싸우고 다시금 힘이 유일한 게임의 법칙이 되는 혼돈 상황에서 어떻게 권력이 수립되는지 이해하는 것이었다. 공작령을 상속받기는 쉽다. 정당하지 않은 방법으로 공작령을 정복하는 것은, 특히 그러한 권력을 유지하는 것은 훨씬 어렵다.

『군주론』은 권력의 찬탈자, 나라를 정복하러 나선 모험가의 교본이다. 어느 시대에나 존재하는 보르자 같은 인물이 이 책에서 얻을 수 있는 교훈은 무궁무진하다. 그중에서도 다른 모든 교훈과 구별되는 한 가지 교훈이 있다. 전략적 태도의 첫 번째 법칙은 행동이다. 권력의 적법성이 미흡하여 언제든 도전받을 수 있는 불확실한 상황에서 행동하지 않는 자에게 변화가 불리하게 작용한다는 것만은 확실하다.

톨스토이가 보여 주었듯이 권력자는 늘 제약이라는 조건에 처해 있다.[4] 권력자의 의지 실현은 너무도 많은 다른 의지들에 달려 있기에 결국 불가능할 지경이다. 어쩌면 나폴레옹보다 그의 말단 보병이 더 자유로울 것이다. 군주의 결단 있는 행동이 이러한 문제에 대한 해결책이다.

이것이 바로 크렘린의 단골 출입객들이 말하는 이른 바 '수동 조종'이다. 체계와 절차 및 위계질서가 바람직한 결과를 내지 못할 때는 직접적으로 개입할 수 있다는 얘기다. 이 개입은 실질적 정의를 회복하기 위해 형식적 규칙을 감히 위반한다. 여기서 기적이, 이 단어 본연의 의미로 도출될 수 있다. 기적이란 지상에 대한 신의 직접적 개입 아니던가.

그러나 권력의 기적이 일어나기 위해서는 결연한 행동만으로 충분치 않다. 행동은 또한 경솔하고 무모하기도 해야 한다. 단순히 필요에만 부응하는 행동이 무슨 가치가 있단 말인가? 그런 것은 기술 관료들, 즉 자기들만이 통제할 수 있다고 주장하는 상위 제약을 앞세워 행동하는 저 칙칙하고 잔인한 공무원들의 행위에 지나지 않는다. 하지만 권력의 본질은 정반대에 있다. 괴테는 작센*의 늙은 공작 이야기를 우리에게 들려준다. 이 공작은 워낙 성격이 있고 고집이 센 사람이었기 때문에 중요한 결정을 내리기 전에 찬찬히 생각하고 이모저모를 고려하라는 압박을 받았다. "나는 찬찬히 생각하기도 싫고 이모저모 고려하기도 싫소이다. 그럴 거면 작센 공국의 수장을 왜 한단 말이오?"[5]

---

* 1806년부터 1918년까지 독일 중부에 있던 왕국

권력의 정점은 제대로 된 행위보다는 무모한 행위와 더 맞아떨어진다. 그러한 행동만이 충격 효과를 일으킬 수 있고 군주의 권력은 바로 그러한 효과를 기반으로 삼기 때문이다. 사드 하리리* 레바논 총리는 2017년 가을에 리야드를 방문하면서 그곳에서 자신이 감금당하고 전격 사임을 발표하게 될 거라고는 꿈에도 생각지 못했을 것이다. 『워싱턴 포스트』의 칼럼니스트 자말 카슈끄지는 이스탄불 주재 사우디아라비아 영사관에 여권을 갱신하러 갔다가 그곳 지하에서 말 그대로 톱으로 썰려 토막 난 시체가 될 줄은 상상도 못했을 것이다. 아마존 최고 경영자 제프 베이조스가 사우디아라비아 왕세자에게 친근한 문자메시지를 받았다가 이스라엘산 스파이웨어에 걸려 불미스러운 사생활이 온 세상에 낱낱이 까발려질 줄이야 어디 상상이나 했겠는가. 그렇지만 이 충격적인 일들은 모두—이 외에도 여러 가지 일들이—MBS의 주도로 이루어졌다. 한없이 상냥한 왕세자가 보르자의 블랙 유머를 감추고 있지 말란 법은 없다.

---

* Saad El-Din Rafik Al-Hariri(1970~). 레바논 총리를 두 차례 지낸 인물로, 2017년 사우디에서 강압 의혹 속에 사임 성명을 발표했다가 레바논 정부가 이를 인정하지 않아 철회한 사건으로 잘 알려져 있다.

밀레니얼 독재자, 나이브 부켈레

밀레니얼 독재자, 나이브 부켈레

유엔 총회의 대리석 연단에는 통상적으로 온갖 다양한 차림새의 연사들이 오른다. 아프리카 대통령들의 알록달록한 전통 의상이나 아시아 군주들의 정교한 머리 장식, 그리고 군복의 수수께끼 같은 문양들까지도 지구촌 곳곳의 풍속을 반영하고 있지만, 대회의실의 무감각한 청중에게는 별다른 인상을 남기지 못한다. 그나마 몇 년 전에 부패로 악명 높은 아프가니스탄 대통령이 아스트라칸 모자를 쓰고 비단 망토를 펄럭이며 왕자님처럼 화려하게 등장하여 심미안 높은 일부 참석자들이 고개를 끄덕이는 반응을 보이기는 했다.

좀 더 드물게는, 국가 정상이 자신이 직접 디자인하고 미스 유니버스 대회 스타일리스트가 제작한 의상을 입고 나온 경우가 있었다. 엘살바도르의 젊은 대통령 나이브 부켈레가 바로 그런 경우다. 목깃과 소맷부리에 꽃무늬 금실 자주가 들어간 감색 튜닉을 입고 나타난 그는 시몬 볼리바르*와 〈스타워즈〉 캐릭터의 중간쯤 되어 보였다. 사실 이 의상은 여름 전에, 그러니까 두 번째 대통령 취임식 자리에서 처음 선보였다. 취임식에는 스페인 국왕과 도널드 트럼프의 장남도 참석하여 부켈레의 대통령 연임을 축하했다. 그날, 산살바도르 육군 사관 학교 생도들로 구성된 의장대 역시 미스 유니버스 의상 담당이 새로 디자인한 화려한 망토를 걸치고 행진했는데, 6월의 토요일 오후 무더위에는 도무지 어울리지 않는 복장이었다.

유엔 연단에 부켈레는 홀로 섰지만, 군복풍의 튜닉을 입고 꼿꼿한 자세를 취한 덕분에 현대적 영웅 같은 면모를 톡톡히 발휘했다. 그는 스스로 "지구상에서 가장 쿨한 독재자"임을 인정하기도 했는데, 이는 그가 엘살바도르의 범죄 문제를 해결하는 방식이 지나치게 투박하다고 우려를 표한 카멜라 해리스**의 트윗에 대한 응답이었다. 어디 그뿐인가, 그의 X 계정 프로필에는 '철인 정치를 하는 왕'이라는 자기소개가 올라와 있다. 그리고 해외 언론들이 붙여 준 별명으

---

* Simón Bolívar(1783~1830). 베네수엘라 출신의 독립운동가이자 군인으로 남미 해방의 상징적 인물

** Kamala Devi Harris(1964~). 미국 역사상 최초의 여성 부통령으로 2021~2025년까지 재임했다.

로는 '밀레니얼 카우디요(독재자)*'가 있다. 부켈레가 서른 일곱 살에 처음 대통령으로 선출됐을 때만 해도 엘살바도르는 세계에서 가장 폭력이 들끓는 국가였다. 살인 범죄율이 아이티의 세 배에 달했고, 재정적으로도 국가 부도 위기에 놓여 있었다. 부켈레는 급진적인 대응책을 취했다. 골치 아픈 형법 대신 화끈하고 단순한 '문신남 소탕 작전'을 선택한 것이다.

일본이나 러시아와 마찬가지로 엘살바도르 범죄 조직 갱단pandilleros은 살갗에 새겨 넣은 표식으로 서로를 식별한다. 아스테카 태양이나 칼라시니코프 소총, 갱스터의 '미친 삶vida loca'을 상징한다는 광인의 웃는 얼굴 따위로 말이다. 2년 전, 엘살바도르에서 또다시 조직 폭력으로 사망자가 대거 발생하자 부켈레는 국가 비상사태를 선포하고 군 병력을 동원하여 문신남들을 마구 잡아들였다.

그 결과, 8만 명이 체포되었는데 대부분은 깡패들이었고 일부는 문신이 있다는 이유만으로 재수 없이 잡혀 들어간 록 음악 팬들이었다. 그 후, 부켈레는 원래 광고업계 출신답게 충격적인 영상들을 제작하게 했다. 머리를 박박 민 갱스터들이 (그리고 일부 록커들도) 테콜루카에 신설한 교도

---

* '카우디요caudillo'는 원래 '우두머리, 대장'이라는 뜻이지만 프랑코의 별칭처럼 쓰이면서 독재자라는 의미가 굳어졌다.

소에서 팬티 바람으로 문신에 스포트라이트를 받으며 복도에 강제로 무릎을 꿇고 있거나 교도관들의 호루라기 소리에 맞춰 줄느런하게 뛰는 모습이 공개되었다. 게이 포르노와 〈헝거 게임〉의 중간쯤 되는 그 영상들이 소셜 네트워크에서 폭발적인 반응을 일으키면서 부켈레는 틱톡에서 가장 팔로워가 많은 국가 정상으로 등극했다.

물론 국제앰네스티와 그 외 NGO 단체들은 이를 곱게 보지 않았다. 하지만 살인 범죄율이 10분의 1 수준까지 떨어지고 엘살바도르가 서양권에서 가장 안전한 나라, 심지어 캐나다보다도 치안이 양호한 나라가 된 것은 사실이다.

그 덕분에 부켈레는 지금 유엔 총회 연단에 서 있다. "우리가 수천 명을 감옥에 가뒀다 말하는 이들이 있습니다만 진실은 우리가 수백만 명을 해방했다는 것입니다. 이제 그 선량한 이들은 마음 놓고 살 수 있게 되었습니다."[1] 이 발언에 엘리제궁의 '펜', 즉 연설 담당관 바티스트 로시가 자리에서 일어나는 모습이 보인다. 이 대회의실에 와 있는 모두가 연설에 집중하지 않는 것은 아니다. 전 세계 연설문 작성자 동지들은 늘 정곡을 찌르는 표현을 찾기에 혈안이 되어 있고 정치적 입장이 아무리 다르더라도 훌륭한 예술적 기량에는 박수를 보낸다. 그렇게 순전히 기술적인 관점에서 보자면 부켈레는 현존하는 최고의 웅변가 중 하나로 쳐줄 만하다.

라틴 아메리카 전역에서 '부켈레의 기적El Milagro Bukele'으로 일컬어지는 바는 또한 시대의 기적이기도 하다. 엘살바도르 대통령은 MBS와 마찬가지로 '보르자식' 행동의 신봉자다. 과감하게 일을 벌이고 신속한 수단을 동원하여 기적처럼 놀라운 결과를 일으키는 것이다. 그렇지만 부켈레는 사우디아라비아 왕세자와 달리 전제주의 체제에서 활동하는 것이 아니다. 그는 민주주의 안에서 그 한계를 시험하고 있다.

2020년에 엘살바도르 국회가 대통령의 치안 예산안을 부결하려 했을 때 부켈레는 무장 군경을 대동하고 국회 의사당에 진입했다. 그는 국회 밖에 결집해 있던 자신의 지지자들에게 치안 예산안이 부결될 경우 민중의 신성한 분노가 부패한 국회 의원 계급에 쏟아지더라도 자신은 가로막지 않을 것이라 선언했다. 그 후 부켈레는 60세 이상 판사들을 모두 해임하고 자신의 지지자들로 그 자리를 채웠으며, 헌법을 새로이 재해석하여 원칙대로라면 불가능했을 대통령 선거 재출마를 감행했다.

마침내 2024년 2월에 대통령 선거가 자유로운 조건 속에서, 3,000명 이상의 국제 참관인이 입회하여 절대적 공정성을 보장하는 가운데 치러졌다. 밀레니얼 카우디요는 84퍼센트 득표율로 재선에 성공했고 그의 소속 정당 누에바스 이데아스Nuevas Ideas는 6년 전까지는 존재하지도 않았던 신생 정당임에도 불구하고 의회 60석 중 54석을 차지했다. 부켈레는 이에 대하여 이렇게 말한다. "우리는 일당 체제가 아닙니다. 단지 패권적 정당이 있는 민주주의일 뿐이지요. 어느 민주주의 체제에서나 정치 지도자의 목표는 최대한 표를 많이 얻는 것입니다. 프랑스나 미국에서 선거를 치르면서 '권력의 균형과 견제를 위해 55퍼센트 이상의 표를 가져오지는 맙시다'라고 합니까? 당연히 아니죠, 모든 지도자는 가급적 표를 많이 가져오려고 합니다. 그들이 그렇게 못한다고 해서 그들의 실패를 나의 로드맵으로 삼을 순 없습니다. 내가 어떻게 해야 했습니까? 다른 대통령들이 다 실패했으니까, 그들이 국민에게 인기가 없으니까 나도 그 대통령들과 대등해지기 위해 의석 절반은 야당에 내주겠노라 발표라도 해야 했습니까?"

도널드 트럼프의 귀환

도널드 트럼프의 귀환

"하하하, 내가 돌아왔소이다!" 도널드 트럼프는 몇몇 국가 정상에게 전화를 걸어 일단 호탕하게 웃어 젖힌 후 이 위협적인 복귀 선언을 했다. 일부 정상들은 다소 당황했을지 모르지만 나이브 부켈레는 아니었다. 트럼프의 복귀는 그의 관점이 옳았다는 확신을 심어 주었다. 그리고 이것은 트럼프주의를 일시적 현상이나 역사적 돌발 사고쯤으로 생각했던 이들이 틀렸다는 확증이기도 했다.

트럼프 당선 다음 날, 부켈레는 X에 이렇게 올렸다. "당신들의 정치 성향이 어떻든 간에, 이번 일을 좋아하든 싫어하든 간에, 당신들이 어제부로 시작된 인류 문명의 분기를 온전히 이해하지 못하고 있을 거라는 것만은 확신한다." 한 달 전, 공화당 대선 후보 트럼프는 펜실베이니아주 이리Erie를 방문해 청소년 범죄 문제에 대한 해법을 제시했는데 그 해법은 밀레니얼 카우디요의 치안 강경책을 그대로 본뜬 것이었다. "에어컨이랑 냉장고를 등에 지고 나온 놈들 봤지요? 정말 미친 짓 아닙니까." 트럼프는 늘 그렇듯 장면을 생생하게 묘사하면서 연설한다. 청중 가운데 미러 선글라스를 낀 사람들이 놀랄 만큼 많다. "그런데 경찰이 경찰 노릇을 할 수가 없습니다. 뭐라도 했다가는 연금이 날아갈 거라는 말을 하도 많이 들어서요. 자유주의 좌파는 경찰을 무너뜨리고 싶어 하고, 나아가 미국 자체를 무너뜨리려고 합니다. 하지만 우리가 단 하루라도 정말 독하게 나간다면…… 한 시간만 난폭하게 밀고 나간다면, 음, 그 소문은 삽시간에 퍼지고 모든 것이 멈추겠지요."

부켈레식의 무법천지 하루라는 발상은 트럼프 지지자들에게 큰 호응을 얻었다. 국민보다 범죄자들을 더 생각하는 것 같은 정치인들밖에 없더니 드디어 제대로 싸워 줄 사람이 나타났구나, 하는 반응이었다.

공공 지출을 대폭 삭감하고 미국 행정부의 상당 부분을 없앤다는 발상도 같은 맥락이다. 트럼프는 아르헨티나 대통령 하비에르 밀레이*의 정책 기조를 그대로 본떠서 이

---

* Javier Gerardo Milei(1970~). 2023년에 취임한 아르헨티나 대통령으로, 극단적 자유지상주의를 옹호해 무정부 자본주의자나 극우로 평가받는다.

러한 정책을 펼치고, 그 실행을 자신의 동맹인 일론 머스크에게 맡기려 한다.

정치 혁신이 중심에서부터 이루어지던 시대가 있었다. 미국에서 누군가가 새로운 아이디어를 내고 특별한 선거 운동을 벌였다. 강렬하게 와닿는 슬로건, 매체를 활용하고 유권자들에게 다가가는 전례 없는 방식에 대해서 말이다. 이러한 혁신은 캘리포니아, 매디슨 애비뉴 혹은 K 스트리트에서 시작되어 서서히 주변으로 퍼져 나갔다. 영국에서 누군가가 그러한 혁신을 감지하고 양키들을 흉내 내기 시작했고, 이어서 스칸디나비아 국가들, 독일, 유럽 전역으로 번져 갔으며 차츰 아시아 구석구석과 아프리카 대륙까지 정치적 커뮤니케이션의 미래가 퍼져 나갔다.

나는 1990년대, 그리고 2000년대의 그 순례들을 기억한다. 따분하고 제국적인 도시 한복판, 창문도 없는 작은 싱크 탱크 회의실들, 그곳의 회색과 갈색 사이 뭐라 정의할 수 없는 색깔의 얄팍한 카펫과 눅눅해진 머핀과 쿠키가 담겨 있는 접시들까지도. 그 시절에 우리는 시대정신에 올라타 있다고 믿었다. 모든 것이 아름답고 선하며 올바른 방향으로 나아가고 있는 듯 보였기 때문이다.

지금은 모든 것이 변했다. 정치적 커뮤니케이션과 선전 도구에 관한 한, 정치 혁신의 방향이 완전히 거꾸로 가고 있다. 새로운 아이디어는 더 이상 한 방향으로, 예전처럼 중심에서 주변으로 흘러가지 않는다. 요즘은 그런 아이디어가 점점 더 예상을 벗어난 곳에서 튀어나오거나 주변부에서 먼저 검증을 거친 후 중심으로 진출한다.

이미 10년 전에 케임브리지 애널리티카Cambridge Analytica는 그 경로를 보여 주었다. 이 정치 컨설팅 기업은 당시 영국 군대와 정보국을 위해 파키스탄과 콜롬비아에서 개발한 정보전 기술을 미국과 유럽에 수출했다. 디지털 환경이 세계인이 공유하는 진정한 최초의 전 지구적 경험이 된 세상에서 인터넷과 소셜 네트워크 고유의 역학은 어디서나 거의 동일한 방식으로 활용될 수 있다. 이를테면 나이지리아가 어느 스칸디나비아 국가에서 기획한 선거전의 시험장이 될 수도 있는 것이다.

정치적 경쟁이 현실 세계, 광장, 전통적인 매체에서 이루어지던 동안은 각 나라의 관습과 규칙이 한계를 정해 주었다. 그러나 온라인 세상으로 넘어가면 공적 토론은 플랫폼에서 정해 놓은 규칙만 벗어나지 않으면 뭐든지 다 허용되는 진흙탕 싸움으로 변한다. 그런 탓에 우리 민주주의 체제들의 운명은 점점 더 전 지구적 규모의 '디지털 소말리아' ─ 무정부 상태에 가까운 하나의 실패한 국가 ─ 에 의해 좌지우지되고 있다. 디지털 군벌들과 그들의 민병대의 법만이 그곳을 지배한다. 이제는 단지 커뮤니케이션 기법만이 아니라 집결 신호, 콘텐츠, 프로그램까지 부다페스트의 다뉴브 연구소* 세미나에서부터 마이애미 NatCon(전국 보수주의 회의)까지, 그리고 다시 부에노스아이레스까지 거칠 것 없이 전달되고 유포된다.

8년 전과 다른 점은 옛 질서의 기반이 완전히 무너졌다는 것이다. 2010년대 중반까지만 해도 브렉시트 찬성파, 도널드 트럼프, 전 브라질 대통령 자이르 보우소나루**는 상부 권력에 맞서 싸우는 반란군이 으레 그러듯이 기존 질서에 도전하고 혼돈을 전략적으로 채택하는 주변인 무리처럼 보일 수 있었다. 지금은 정반대 상황이다. 혼돈은 반란자들의 무기가 아니라 지배자들의 표식이다.

20세기 전반의 서양 사회는 정치인들에게 신중한 태도

• 2013년에 설립된 보수주의 공공 정책 연구소

•• Jair Messias Bolsonaro(1955~). 2019~2022년까지 재임한 브라질의 제39대 대통령. '브라질의 도널드 트럼프'로 불릴 정도로 강한 극우 정치가로 반공주의, 신자유주의, 사회 보수주의를 지향했다.

의 미덕을 가르쳤지만, 세계 대전을 경험한 마지막 세대가 사라지면서 데미우르고스들이 돌아올 수 있게 되었다. 현실을 새롭게 창조하고 자기 마음대로 주무르려고 작정한 이들 말이다.

구세계는 일정한 보호책을 전제로 했다. 그 세계에는 특정 기관들의 독립성에 대한 존중, 인권, 소수 집단의 권리, 국제적 파급 효과에 대한 고려가 있었다. 이 모든 것이 포식자들의 시대에는 아무 의미가 없다.

이 새로운 세계에서는 진행 중인 모든 과정이 끝까지, 극단적인 결과를 볼 때까지 가고야 말 것이다. 그중 어떤 과정도 어떤 방식으로든 억제되거나 통제되지 않을 것이다. '가속 페달을 끝까지 밟기pedal to the metal' 말고는 선택지가 없다.

예전에는 규칙 체계가 자리 잡을 수 있는 기회의 창이 있었으나 이제 그 창은 닫혀 버렸다. 인공 지능과 융합기술이 급속도로 발전한 탓에, 혹은 국제 질서가 정글로 변해 버렸기 때문에 이제는 힘, 금융, 암호 화폐의 논리에도 한계가 있다는 생각 자체를 하기가 어렵다.

이 신세계에서는 보르자형 인간들에게 결정적 이점이

있다. 그 이유는 그들이 제한 없는 세상에서 활동하는 데 익숙하기 때문이다. 그들은 역경에도 버티는 정도로 만족하지 않고 예상 밖의 일, 불안정, 호전성을 자기에게 유리하게 활용한다.

도널드 트럼프는, 이 인물을 다루는 중이니 그에 관해 말해 보자면 작금의 시대에 놀랍도록 잘 적응한 생명체다. 트럼프의 특징 중 하나는 글을 절대로 읽지 않는다는 것이다. 그의 참모들은 과거에 경의를 표하느라 여전히 그 점을 작은 목소리로 불평하지만 웬걸, 큰소리로 기뻐하고 자랑해야 할 일이다. 트럼프는 책이나 신문을 읽지 않는다. 그런 건 곧 박물관에나 들어가게 될 물건들이니까. 뭘 잘 모르는 인터넷 사용자도 트럼프가 전용기 좌석이나 마라라고Mar-a-Lago 별장 안락의자에 태블릿이나 햄버거가 아니라 책을 들고 앉아 있는 사진을 본다면 허무맹랑한 '딥페이크' 이미지라고 할 것이다. 참모들은 트럼프가 인터뷰를 앞두고 해당 사안에 관하여 기본적으로 숙지해야 할 한 쪽짜리, 아니 반쪽짜리 메모조차 읽지 않는다고 난감해하지만 그건 오히려 기뻐해야 할 일이다. 트럼프는 참모들이 작성한 메모를 거들떠보지도 않는다. 한 쪽, 반쪽이 뭔가, 한 줄도 들여다보지 않는다. 트럼프는 말로만 소통한다. 트럼프에게 조금이라도 체계적인 지식을 전달하려는 사람은 바로 그 점 때문에 어려움을 겪을 것이다.

하지만 그게 무에 중요하랴. 중요한 것은 일단 행동이다. 그리고 알다시피 지식은 행동의 가장 큰 적 중 하나다. 혼돈 상황에서는 대중의 관심을 사로잡고 상대를 얼떨떨하게 만드는 대담하다 못해 뻔뻔한 행동이 요구된다.

트럼프도 결국은 정치의 변함없는 원칙 중 하나를 잘 보여 주는 또 하나의 사례일 뿐이다. 누구나 확인할 수 있는 그 원칙은 지적 역량과 정치 지능이 사실상 무관하다는 것이다. 세상에는 똑똑하기 그지없지만 정치를 전혀 이해하지 못하는 사람들이 넘쳐난다. 심지어 이쪽 분야 전문가, 정치학자, 실무 담당들조차 그럴 수 있다. 반면 트럼프처럼 글과 담쌓고 살아도 시대정신에 쿵짝을 맞추는 능력은 가히 천재적인 사람들이 있다.

슈퍼 리치 기업인, 글로벌 기술 관료, 지식인, 노벨상 수상자가 자신의 직업적 성공을 정치 무대로 옮기려다가 쓰라린 모욕을 경험한 예를 어디 한두 번 보았는가.

나의 아스테카 서기관다운 소박한 계산에 따르면, 일레로 파리에는 자신이 잠재적으로 엘리제궁의 거주자가 될 수 있다고 생각하는 사람이 언제고 123명은 있다. 그중 일고여덟 명은 실제로 경쟁에 참여한다. 나머지 사람들은 그들이 유리한 입장에 있지 않다는 것을 알지만 사람 일은 모르는 거라고, 상황이 받쳐 주면 그들이 나서야 할 역사적 필요가 수면으로 떠오를 수도 있다고 생각한다.

어디에서든 지능이 뛰어난 사람들은 늘 같은 방식으로 시작한다. 그들은 사업, 국제기구, 문화계, 과학 등 매우 경쟁적인 분야에서 자기 능력으로 엄청난 일을 해냈다고 자신만만해한다. 그런데 그런 분야들에 비하면 정치판은 어떠한가? 작가가 이야기를 써 주기만을 기다리는 인물들, 직업도 없고 능력도 없고 두 단어 이상 이어 갈 재주도 없는 이들이 들끓는 아사리판 아닌가.

건전한 정신의 소유자라면 아무도 이 수상한 화류계 같은 바닥에 발을 들이려 하지 않을 텐데 똑똑하다는 사람들이 게임의 수준을 높일 때가 됐다며 이 바닥을 기웃거린다. 하긴, 괜찮은 사람들이 전부 경기장 밖에만 있다면 상황이 나아질 수 없지 않은가?

그래서 그들은 이 바닥을 서툴게 탐색하고, 이런저런 인터뷰에 응하고, 자기 생각을 정리해서 책을 내고, 무슨무슨 연구소를 구성하기 시작한다. 혹은 정당에 직접 영입되어 공천을 받고 선거에 나가기도 한다. 그러다가 어느 순간, 그들은 끔찍한 사실을 발견한다.

그 사실이란 이 모든 일이 생각했던 것보다 훨씬 더 어렵다는 것이다. 이쪽 영역에 천재들이 너무 많아서가 아니다. 그보다는 영역이라는 것 자체가 없고 규칙도 없고 안정적 지표도 없는데 게임은 존재한다는 게 문제다. 그 게임에 접근할 수 있는 사람은 극소수다. 베를린 회의 이후 비스마르크는 정치 노선에 관한 질문을 받았다. 그는 오늘날 같으면 절대로 정치인으로 성공할 수 없었을 예의 그 가느다란 모기 목소리로 "정치란 다섯 개의 공으로 저글링하면서 그중 두 개는 늘 공중에 떠 있게 하는 것"이라고 대답했다.[1] 프로이센의 철의 재상조차 정치를 서커스 같은 일이라고 했을 정도면 그보다 더 혼란스러운 상황에서의 정치는 과연 어떤 것이겠는가.

중국인들이 하는 말마따나 권력은 안개에 싸인 용이다. 권력을 좇는다는 것은 매일같이 쓸데없음, 불분명한 근사치, 모순을 맞닥뜨리는 것이다. 정치 시트콤 〈빕〉은 그러한 가르침을 얻기에 적절하지만, 여기에 〈오징어 게임〉과 〈대부〉도 추가되어야 한다. 정치적 동물이라면 거의 모두가 이런 작품들의 대사를 줄줄 읊을 것이다.

정치보다 폭력적인 것은 없다. 군인들은 전쟁 중에만 싸우지만 정치인들은 언제나 교전 상태다. 정치인들에게 가장 무서운 적은 거의 항상 자기 진영 안에 숨어 있다. 게

다가 모든 일이 일사천리로 진행되기 때문에 실수할 확률, 자기가 죽을 확률도 그만큼 크다. 이러한 환경에서 수재들은 대체로 쓸모없는 존재 취급을 받는다. 그 이유는 이 똑똑이들이 절대로 자기 손으로 미늘창을 쥐고 나서지 않기 때문이다.[2] 정치라는 게임에서 유일하게 통하는 가치는 위험을 무릅쓰는 것인데 말이다.

결국 어둠 속으로 몸을 던져야 한다. 나는 제국의 중심부에서 이루어졌던 어떤 순례의 한 장면을 기억한다. 빌 클린턴과 오바마의 오른팔이었던 존 포데스타*가 젊은 피렌체 시장과 그의 서기관에게 조언하는 장면을. 포데스타는 활발하고 기민하며 조깅을 많이 해서인지 마른 몸집이었다. 우리는 그에게 전국 차원의 선거 운동에 대해서 이것저것 질문했다. "출마하기에 좋은 때를 기다리는 게 아닙니다. 그냥 좋은 때이기를 바라면서 뛰어드는 거죠." 그 말이 우리에게 한동안 행운을 가져다주었다.

보르자형 인간들은 격동기에 특히 잘 적응하는 생명체다. 그러한 시기에 정치 체계는 자체적 한계에 부딪히고 불확실

---

* John David Podesta(1949~). 미국의 정치 컨설턴트

성과 위험에 대응할 방법은 속도와 힘밖에 남지 않는다. 결국 포식자들의 시대가 도래한 것은 정상으로의 회귀에 가깝다. 오히려 피비린내 나는 권력 추구를 어떤 규칙 체계로 제어할 수 있다고 믿었던 그 짧은 시기를 예외로 보아야 한다.

보르자형 인간들의 소행이 우리에게는 충격적일지 모르지만, 실은 역사책에서 흔히 보았던 행동 방식들의 현대판일 뿐이다. 플루타르코스의 『영웅전』에서, 수에토니우스의 글에서, 르네상스 연대기들에서, 앙시앵 레짐*의 비망록들에서 그런 사례는 얼마든지 볼 수 있다.

현대판 보르자들은 옛사람들의 글을 읽지 않지만, 자기들끼리는 서로 알아본다. MBS가 리츠칼튼에서 연회를 열었을 때, 당시 미국 대통령이었던 트럼프는 이런 트윗을 올렸다. "나는 사우디아라비아의 살만 국왕과 왕세자를 대단히 신뢰한다. 그들은 자기네가 무슨 일을 하고 있는지 정확히 안다. 그들이 지금 혹독하게 다루는 이들 중 일부는 오랫동안 자기 나라를 착취해 왔다!"

포식자들의 시대에는 과거 주변국에 해당했던 국가들의 지도자가 우리를 따라 하려 하지 않고, 오히려 서양의

---

* 1789년 프랑스 혁명 전의 절대 군주 체제를 가리키는 역사 용어

지도자들이 외부에서 기원한 정치적 특성들을 받아들이려고 한다. 미국에서 대통령이 가족과 측근으로 구성된 친위 그룹과 함께 국가를 통치한다는 사실이 유럽 정치인들에게는 여전히 당황스럽다. 독재자들은 그렇지 않다. 그들은 대통령 친인척이나 사업 파트너를 통해 특혜를 청탁하는 것을 아주 당연시하기 때문이다. 아이러니한 것은, 이제 이런 논리가 서방 정부들에도 자리를 잡았다는 것이다. 트럼프의 먼 친척이나 골프 친구를 통해 외교 채널을 여는 일이 실제로 국가적 외교 사안처럼 다뤄지고 있다.

결국 중요한 건 결과밖에 없다. 하비에르 밀레이가 잘 말해 주지 않았는가. "광인과 천재의 차이는 무엇인가? 성공의 여부다!" 바로 이것이 보르자형 인간들의 신조이고 오늘날에는 대부분이 이에 동의한다. 사람들은 이제 규칙을 자유의 보호 장치로 보지 않고 오히려 거대한 사기술, 더 심하게는 자기네를 억압하려는 엘리트들의 음모로 여기기 시작했다.

"맨 먼저 할 일은 변호사들을 전부 죽이는 거야." 셰익스피어는 말한다. 아니, 이것은 그의 희곡 『헨리 6세』에 등장하는 도살자 딕이 잉글랜드 국왕에 맞서 반란을 선동하면서 하는 말이다. 딕은 변호사, 즉 법률가들이 집권층의 앞잡이이고 도덕성이라고는 없으며 상황에 따라 서로 모순되는 주장들도 기꺼이 지지한다고 보았다. 변호사들은 문제를 해결하는 게 아니라 되레 문제를 만든다. 그들은 늘 빠져나갈 구멍을 마련해 놓느라 일을 더 복잡하게 만든다. 그들은 근본이 아니라 형식에 관심을 둔다. 그들은 딱한 백성들을 등쳐 먹을 작정으로 알아들을 수 없는 말을 늘어놓고 결국 자기네들의 안위만 생각한다.

보르자형 인간들은 형식이 아니라 근본에 집중한다. 그들은 범죄율, 이민자, 생활 물가 같은 진정한 민중의 문제들을 해결하겠노라 약속한다. 반면 그들의 맞상대인 자유주의자, 진보 세력, 선량한 민주당파는 어떻게 나오는가? 규제, 민주주의의 위기, 소수 집단 보호 같은 얘기만 하고 있다…….

1980년 이후 치러진 미국 대선의 민주당 대통령, 부통령 후보 가운데 법학 학위를 갖지 않은 유일한 인물은 카멀라 해리스의 러닝메이트 팀 월즈*뿐이었다. 40년간 열 번의

---

* Timothy James Walz(1964~). 미국의 정치인으로 현재 미네소타주 주지사로 재임 중이다.

선거가 있었고 스무 명의 후보가 출마했는데 그중 열아홉 명은 변호사 출신이었다. 이 기간에 공화당은 네 명의 대통령을 배출했는데 그중 법을 공부한 사람은 아무도 없었다. 로널드 레이건은 배우 출신이고 나머지 셋은 사업가였다.

미국에서 변호사는 정치인 바로 다음으로 대중이 싫어하는 직업군이다.[3] 그러니 변호사들의 정당이 힘을 쓰지 못했던 것도 당연하지 않은가? 변호사들이 중심이 되어 민주적 절차의 수호, 소수자 권리 존중을 주요 강령으로 설계하고 공화당 후보에 대한 소송을 주요한 논거로 삼았으니 생활 물가 폭등, 이민자 문제, 계급적 멸시감 같은 보르자형 인간들의 불만 앞에 상대가 되었겠는가?

변호사들에게도 장점은 많지만 그들이 혁명을 막아 낸 역사는 없다. 오히려 바로 그 장점 때문에 변호사들은 거의 항상 혁명가들에게 첫 번째 표적이 되곤 한다. 폭동 상황에서 제일 눈엣가시 같은 인간은 대세에 합류하기를 거부하고 잘난 척 이의를 제기하며 절차 존중 운운하는 인간 아니겠는가. 그 인간이 민중의 적에 대해서도 그렇게 옹호하고 나서면 정말로 미움을 살 것이요, 도살자 딕이라면 교수대를 급조해서라도 그자의 목을 매다는 것이 마땅하다 말할 것이다.

기술과 정치가 공모한 세계

기술과 정치가 공모한 세계

"백악관의 텃밭은 매우 상징적이었기에 강력한 힘을 지녔습니다. 가지와 애호박을 기르고 흙바닥에 무릎 꿇은 채 아이들에게 둘러싸여 있는 영부인의 모습을 보여 줌으로써 국가적 차원에서나 전 세계적으로나 힘 있는 메시지를 전파했던 것입니다."

시카고 과학 산업 박물관 대연회실이 참석자들의 기대와 흥분으로 터질 것 같다. 버락 오바마는 백악관을 떠난 후 자기 이름을 딴 재단을 설립했고 이곳은 바로 그 재단의 창립 만찬 자리다.

세계 정치판의 대지진, 즉 도널드 트럼프의 대선 승리라는 사건이 일어난 지 일 년이 지났다. 유럽은 브렉시트 후유증으로 몸살을 앓는 중이다. 내년 봄에 총선을 치를 이탈리아에서는 여론 조사들이 전례 없는 국가주의·포퓰리즘의 물결을 점치고 있다.

우리는 꼭 답을 찾으러 여기에 오지 않았지만 적어도 아이디어는 건지러 왔다. 지난 몇 년 동안 버락 오바마는, 비록 한계가 있었다고는 하나 전 세계 자유 민주주의 진영의 등대였다. 지금도 우리는 자연스럽게 반사적으로 그를 바라본다. 바로 그 이유에서 우리는 그의 재단 설립 발의를 열렬히 환영했다. 마침내 다음 일을 생각하고 서구 세계에 밀려드는 반자유주의의 파도를 막아설 방파제를 세울 자리가 생긴 셈이니까.

우리는 오늘 저녁 이 만찬에 참석하기 위해 7,000킬로미터의 여정을 소화했다. 그리고 지금 미셸의 유기농 텃밭을 상찬하는 전 백악관 수석 요리사의 축사를 듣고 있다. 요리사에 이어서 다음 연사가 무대로 다가간다. 마이클 헵이라는 사람이다. 인터넷에서 그의 이력을 조회해 보니 대기업 생산 초콜릿에 대한 의식 있는 소비를 맨 먼저 주창하고, '데스 오버 디너Death over Dinner(죽음에 대해서 이야기하는 만찬)'라는 기구를 조직한 인물이라고 한다.

개회 축사들이 그리 인상적이지 않아서 다른 손님들을 살펴보기 시작한다. 확실히 흥미로운 인물들이 꽤 있다. 재단이 '영감을 주고, 역량을 키워 주고, 서로 인연을 맺게 하여 장차 세상을 바꾸게' 해야 할 '미래의 지도자들' 말이다. 요리사가 유기농 브로콜리로 준비한 첫 번째 요리가 나왔다. 같은 테이블에 앉은 사람들끼리 어색하게나마 대화의 물꼬를 트고 있는데 한 젊은 사람이 우리 모두에게 말했다.

"안녕하세요, 저는 헤더라고 합니다. 오늘 저녁 여러분의 원활한 대화를 도울 진행자입니다." 이 짧은 소개를 듣고 오늘 저녁 손님들이 자발적으로 얘기를 나누는 게 아니라 헤더의 진행에 따라 대화를 해야 한다는 사실에 낭패감을 느꼈다. 예의상 주고받는 말보다는 좀 더 깊이 있는 이야기를 끌어내기 위한 진행이라나. 그러한 목적에서 손님들은 차례대로 돌아가며 다음 다섯 가지 질문에 대해 답해 달라는 요청을 받는다. "나는 어떻게 해서 이런 이름을 갖게 되었는가?" "내 사람들은 누구인가?" "내게 가장 큰 영향을 준 사람은 누구인가?" "나는 어떤 사람이 되고 싶은가?" "자신의 공동체에 얼마나 깊은 소속감을 느끼는가?"

헤더는 어색함을 깨기 위해 자기 이야기부터 들려준다. 시카고의 어느 가정에 입양된 혼혈 트랜스젠더의 흥미진진한 사연이 간략하게 펼쳐진다. 헤더의 이야기를 듣다 보니 아무래도 그보다 더 인상적인 얘기를 하기는 어렵겠다는 생각이 든다. 다른 테이블들을 둘러보니 어디서나 마찬가지 방식으로 대화가 진행 중이다. 모든 테이블에 진행자가 배정되어 있고 모든 손님이 똑같은 질문들을 받는 것이다.

나는 곁눈질로 로카 대위의 잔뜩 구겨진 표정을 살핀다. 로카 대위는 우리의 이번 여정의 경호 팀장이다. 평소에는 떡갈나무처럼 다부지고 성격이 호쾌하며 우리 중 한 사람을 보호하기 위해서라면 총알도 대신 맞을 법한 그 사람이 만찬이 진행되는 동안 눈에 띄게 쪼그라들어 파들파들 떨리는 나뭇가지가 된 것 같다.

만찬이 끝나고 로카 대위는 기운을 차리기 위해 호텔 바에서 위스키를 한잔하면서 자신이 겪은 고초를 말해 주었다. 처음에는 그러한 진행에 당황했지만 초기의 얼떨떨함을 극복하고서는 그럭저럭 잘 넘어갈 것 같았다고 한다. "나는 어떤 사람이 되고 싶은가?"라는 질문에 "나 자신"이라고 대답하기 전까지는 말이다. 그렇게 대답했더니 다른 사람들이 모두 그에게 비난조로 한마디씩 하고 '진행자'조차도 그에게 너무 자기중심적인 것 아니냐고 했다나.

그날 저녁 우리는 웃고 넘겼지만 나는 만약 로카 대위가 미국인 유권자였다면 그날의 참석자 가운데 일반 대중을 대표할 수 있는 소수에 해당하는 그 친구가 그 만찬을 계기로 트럼프 지지자가 될 것 같다는 생각을 떨칠 수 없었다. 그리고 36시간 동안 예정된 창립 기념 행사 중 그 어떤 활동도 로카 대위의 생각을 바꿔 놓지 못할 것 같아 두려웠다. 아침 7시의 명상 시간도(다행히 이건 '선택' 프로그램이었다), '사회 변화 주체로서의 청년'이란 주제로 나눈 해리 왕자와의 대담도, 미셸 오바마와 인기 여성 시인이 나눈 '영감의 원천'이라는 대담도, 심지어 행사의 대미를 장식하는 — 소박하게 '커뮤니티 이벤트'라는 명칭을 달고 있긴 했지만 — 글로리아 에스테판과 래퍼 커먼의 비공개 콘서트조차도 그의 견해를 바꾸지는 못할 성싶었다.

이틀 후, 우리는 시카고를 떠났다. 선량한 의도를 품은 괜찮은 인물들을 많이 만나긴 했지만, 그들이 장차 예고된 싸움을 잘 끌고 나가리라는 전망은 보이지 않았다.

오바마 역시 법조인 출신이다. 하지만 그의 전임자 빌 클린턴과 마찬가지로 본인의 카리스마와 뛰어난 정치 지능 덕분에 오랫동안 법률만능주의 *légalisme* 의 암초를 피할 수 있었다. 오바마가 떠나고 남은 것은 법률가들의 당뿐이다. 자본주의 개혁, 나아가 자본주의를 다스려 경제적 불평등과 싸우기를 포기한 민주당은 소수자들을 대표하겠다는 한결 소박한 목표로 방향을 틀었다. 그러한 목표 자체는 훌륭하지만 1980년대 초부터 미국 사회 전체를 만들어 왔던 역학 자체를 근본적으로 재고하지 못한다.

결정적 쟁점들에 대하여 용기를 내지 못했던 변호사들은 이를 만회하기 위해 점점 더 우파와 극단적인 싸움을 벌였고, 그러다 보니 대다수의 평범한 민주당 유권자들보다 훨씬 급진적인 입장을 취하게 되었다. 카멀라 해리스는 2020년 민주당 경선 선거 운동 당시 국경 경찰 폐지를 검토한 바 있고, 교도소 수감자나 불법 이민자에 대해서도 의학적으로 필요하다면 공공 재정으로 성별 전환 치료를 보장해야 한다고 보았다.

이 주장들은 유권자들의 마음을 얻지 못했을 뿐 아니라 4년 후 대선에 부메랑으로 돌아왔다. 2024년 트럼프의 재선 운동에서 가장 파급력 있는 선전 문구는 논바이너리non-binary(성별 이분법을 따르지 않은) 대명사 'they/them'을 비꼬아 사용한 것이었다. "카멀라는 그들을 위해 주지만, 트럼프 대통령은 당신을 위해 줍니다(Kamala is for they/them, President Trump is for you)."

§

보르자형 인간들이 볼 때 워키즘*은 하늘이 내려 준 빵

---

* 워키즘wokeism은 인종·젠더·정체성 차별에 대한 각성과 사회 정의를 강조하는 미국 진보 진영의 문화·정치적 흐름을 가리키는 말로, 최근에는 보수 진영에서 이를

으로, 그들의 혼돈 기계를 작동시키기에 딱 좋은 연료다. 고대 그리스에서는 내전이 일어날 때 어느 쪽에도 가담하지 않은 사람, 무기를 들고 싸우지 않는 사람의 시민권을 박탈했다. 단테가 이런 이들을 지옥문까지 데려가 말벌들에게 시달리게 했듯이 보르자형 인간들은 차갑지도 않고 뜨겁지도 않은 사람, 어느 편에도 서지 않는 사람을 무엇보다 두려워한다. 갈등의 수위를 높이는 모든 것을 그들은 요긴하게 활용한다.

케임브리지 애널리티카의 전 최고 경영자 알렉산더 닉스*보다 그러한 수법에 능한 사람은 없다. 시카고에 갔을 때 칼튼 클럽 위층의 어떤 방에서 그를 봤던 것 같다. 그는 고급 라마 울 소재 양복을 입은 사내들에게 둘러싸여 폴 로제 샴페인을 홀짝이며 자기 회사의 사업 아이디어를 설명하고 있었다.

"우리는 그렇고 그런 홍보 기업이 아닙니다. 영화관에서 콜라를 팔아 보려고 하는데 전형적인 광고 홍보사를 찾아가면 그쪽에서 뭐라고 할까요?"

비판하거나 조롱하는 의미로도 쓰인다.

* Alexander Nix(1975~). 영국의 사업가. 도널드 트럼프의 2016년 대선 캠페인을 포함하여 다양한 정부의 정치 캠페인을 운영하는 SCL 그룹의 선거 부서를 이끌었다.

태국의 억만장자, 카자흐스탄 석유 재벌, 아르헨티나 대지주estanciero 등등 잠재적 고객들이 예사롭지 않은 질문에 호기심이 동해 그에게 좀 더 바짝 다가간다. 알렉산더 닉스는 대단한 멋쟁이로 영국에서 16세기부터 오늘날까지 명맥이 이어지는 제국들을 건설한 사략꾼 가문의 마지막 후예다. 사략꾼, 즉 국가가 공인한 해적은 시대에 발맞춰 보안·정보 서비스, 원자재와 무기 거래, 금융과 고위급 로비 활동으로 전향했지만 여전히 똑같은 해적이다. 사립 학교에서 습득한 완벽한 발음과 억양, 트위드 스리피스 정장과 절대로 완전히 새것은 아닌 가죽 구두, 약간 무심한 듯한 분위기까지 모든 것이 그들이 삶을 만끽하며 거기서 끌어낼 수 있는 쾌락과 당연히 돌아올 특권을 모조리 누릴 준비가 되어 있음을 보여 준다. 사우스 켄싱턴의 귀족 같은 몸가짐과 브릭스턴의 불량배 같은 도덕률을 겸비하고서.

닉스의 말이 이어진다. "전형적인 광고 홍보사에 가면 어떤 얘기를 듣게 될지 내가 한번 말해 볼까요. 판매처를 늘려라, 입구에 포스터를 걸어라, 수영복만 입은 늘씬한 미녀가 콜라를 들이켜는 모습을 카운터 가까이 배치해라, 영화 시작 전에 광고를 내보내라, 뭐 그런 얘길 할 겁니다. 그런 쓸데없는 전략들은 밥버러지들의 경제가 돌아가게 할 뿐

콜라를 한 캔이라도 더 파는 데 도움이 안 돼요. 그러니까 카피라이터들, 사진작가들, 영상 감독들, 크리에이티브 디렉터들이 검은색 티셔츠 따위를 로로 피아나 같은 명품 매장에서 사들이고, 첼시 바에서 식전주 한 잔에 30유로나 주고 마시는 겁니다. 우리는 그런 식으로 일 안 해요. 우리는 콜라에 관심 없습니다. 우리의 관심은 영화관에 오는 사람들에게 있지요. 관객들이 왜 콜라를 산다고 생각해요? 콜라가 근사한 음료라서? 미녀 모델이 콜라를 마시니까? 할리우드 영화보다 제작비가 더 많이 드는 40초짜리 광고 때문에? 그 사람들은 그냥 목이 마르니까 콜라를 사는 거예요. 자, 이제 뭘 해야 하는지 알겠어요? 영화관 실내 온도를 높이는 겁니다. 우리는 실제로 그렇게 합니다. 온도를 높인다고요. 관객들이 뭔가를 마시고 싶어지도록 말입니다. 간단하지요?"

케임브리지 애널리티카는 브렉시트 투표 이후에 터진 대형 스캔들로 초토화되었다.* 하지만 우리의 공적인 삶의 일부가 전개되는 온라인 플랫폼들도 정확히 동일한 원리를 따른다. 참여를 극대화하려면 온도를 높여야 한다는 원리

---

* 케임브리지 애널리티카가 페이스북에서 수천만 명의 개인 정보를 불법 수집해 맞춤형 정치 광고를 제작, 선거와 여론을 조작하려 한 사건을 가리킨다.

말이다. 정치적 투쟁은 편견을 동원하는 일을 늘 밑천으로 삼아 왔지만 소셜 네트워크는 이 집결을 산업적 규모로 키울 수 있게 했다. 어디서나 원리는 동일하다. 세 가지 단순 작업이 필요하다. 첫째, 여론이 뚜렷하게 갈리는 아주 뜨거운 주제들을 파악한다. 둘째, 양측 입장을 저마다 극단까지 밀어붙여 서로 충돌하게 만든다. 셋째, 이 충돌을 대중 전체로 투사하여 전반적 분위기를 더욱더 과열시킨다.

플랫폼들은 전통적 매체를 지배하는 엘리트들의 편견에서 벗어나 세상을 있는 그대로 보여 주는 투명한 진열창을 표방하지만 실은 각자의 편견과 기대에 영합하기 위해 현실을 도무지 알아볼 수 없을 지경까지 왜곡하여 비추는 거울이다.

실리콘밸리의 엔지니어들은 이미 오래전부터 컴퓨터 프로그래밍을 하는 게 아니라 인간 행동을 프로그래밍하고 있다. 그러한 플랫폼을 우리가 현실과 맺는 관계를 의탁하는 전반적인 인터페이스로 삼는 순간부터 우리는 그들의 손아귀에 들어간다. 사회적인 온도를 높일수록 이득을 보게 마련인 스핀 닥터들, 여론 조작 요원들의 손아귀에 우리를 내맡기는 것이다.

"나는 내가 믿는 것만 봅니다." 2022년 대선 선거 운동에 나온 에리크 제무르*의 의미심장한 말실수는 이 시대의 당연한 원칙을 인정한 것에 불과하다. 이게 다른 사람들 얘기라고, 우리와는 생각이 다른 사람들에게나 해당한다고 믿는다면 실수하는 거다. 누구도 이 원리에서 벗어나지 못하고 엘리트들도 그 점은 마찬가지다. 엘리트들이라고 해서 여론 조작과 공포 위기에 성난 민중보다 덜 휘둘리라는 법은 없다.

• Éric Zemmour(1958~). 프랑스의 대표적인 극우 인사로 2022년 대선에 출마했다. 그의 책 『프랑스의 자살』이 국내 번역되어 있다.

AI 석학들의 대격돌, 누가 미래를 정의하는가

AI 석학들의 대격돌, 누가 미래를 정의하는가

쥐스탱 트뤼도*는 연출 감각이 있다. 그가 인공 지능에 관한 오찬 모임 장소로 선택한 포트 오브 몬트리올 타워 10층의 공간은 흡사 허공에 떠 있는 것처럼 설계되어 있다. 참석자들의 시선은 구시가지의 붉은 벽돌 건물들과 도심 고층 빌딩에 머물다가 초가을 햇살 아래 절경을 이루는 세인트로렌스 강변으로 자연스레 옮겨 간다.

진행자는 따로 정해져 있지 않고 초대 손님들은 자발적으로 대화를 주고받는다. 그들은 찔끔찔끔 인색하게 따라 주는 퀘벡산 샤르도네보다는 아름다운 전망에 취해 있다. 한 남자만 다소 멀찍이 떨어져 서 있다. 두꺼운 테 안경 때문일까, 그에게는 외부보다 내부를 바라보는 사람 같은

---

* Justin Trudeau(1971~). 2015년부터 2025년까지 재임한 캐나다 전 총리

묘한 분위기가 있다.

총리의 조심스러운 고갯짓을 신호로 손님들이 모두 착석한다. 트뤼도 총리는 자기 나라를 "책임 있는" 인공 지능의 진원지로 소개하면서 몹시 흡족해한다. 실제로 2024년 노벨 물리학상 수상자 제프리 힌턴은 토론토에서 인공 신경망 연구를 주도하고 있고, 그의 동료 요슈아 벤지오는 몬트리올 대학교 컴퓨터 공학부 교수로 재직 중이다. 두 사람 모두 우리 시대에는 일반적이지 않은 윤리적 지향을 특징으로 한다. 힌턴은 AI의 위험성을 좀 더 자유롭게 논하기 위해 컨설턴트로서 몸담고 있던 구글을 떠났고, 벤지오도 자신의 독립성을 지키기 위해 업계 여러 회사의 수백만 달러 제의를 거절했다.

오늘 요슈아 벤지오는 업계 동료 얀 르쿤의 맞은편에 앉아 있다. 얀 르쿤은 페이스북, 왓츠앱, 인스타그램을 소유한 그룹 메타의 인공 지능 연구소를 이끌고 있다. 힌턴, 벤지오, 르쿤 이 세 사람은 2018년에 튜링상을 공동 수상한 이래로 우리가 현재 알고 있는 형태의 '인공 지능'의 창시자들로 간주된다. 다만 세 사람의 의견이 일치하는 사안이 거의 전무하다는 것이 유일한 문제다. 이미 인류사의 이정

표 중 하나로 여겨지는 기술 혁명에 대한 통찰을 온 세상이 그들에게 기대하고 있으니 이건 좀 난처한 상황이다.

그들은 자세부터가 달라도 너무 다르다. 벤지오는 정상적인 사람으로 보인다. 테크 정복자 특유의 냉혹한 눈빛은 보이지 않는다. 내가 보기에 이 분야의 전문가들을 통틀어 가장 믿을 만한 사람 같다. 그의 판단, 그의 의심, 그가 제기하는 때때로 우려스러운 질문은 자기 분야를 이해하고자 애쓰는 과학자에게서 나온 것이다. 한 분야의 전문가들이 이렇게까지 의견이 엇갈리고 인류 파괴까지 거론되는 상황에서 정부 당국은 어느 한 의견을 채택하기보다 모든 가설을 검토하는 편이 현명한 처사일 것이라고 벤지오는 말한다.

맞은편에 앉아 있는 르쿤은 훨씬 이 시대에 잘 맞는 성격을 지녔다. 의심이나 뉘앙스를 내비치지 않는 단호한 어조 덕분에 그는 X에서 대단한 인기를 누린다. 벤지오의 팔로워가 1만 2천 명 수준인데 반해, 르쿤의 팔로워는 85만 명이 넘는다. 그는 메타의 AI 연구 수장이 된 후로 구글과의 기술 격차를 따라잡기 위해 저커버그의 수십억 달러를 오픈소스 모델에 투자했다. 그로써 인류 역사상 가장 강력한 기술에 모두가, 심지어 극단주의자 집단들도 접근할 수 있게 되었다. 이 기술의 경탄할 만한 능력 중 하나는 지금까지 국가에만 한정되었던 파괴력을 개인에게도 부여할 수 있다는 것이다. 다른 사람들이 대량 살상 무기가 통제 불능으로 확산될 수 있다는 문제를 지적해도 르쿤은 주저 없이 말한다. 인공 지능은 눈곱만큼도 위험하지 않고 누구든 그 반대로 생각하거나 주장하는 사람은 — 그가 한때 연구를 함께한 동료일지라도 — 너무 고지식해서 그런 거라고 말이다.[1]

공상 과학 영화에서 튀어나온 것 같은, 지상에서 60미터 높이에 떠 있는 통유리 캡슐. 이곳에서 테가 두꺼운 안경과 오만한 미소를 장착하고 테이블 앞에 앉아 있는 르쿤은 나이를 먹고 한참 재미없어진 오스틴 파워 같다. 그는 우리에게 다짜고짜 유럽에서는 자신이 쓰고 있는 그 무거운 안경을 구매하지 못할 거라고 말한다. 유럽 연합은 규제가 심해서 메타가 판매하지 않을 거라나. 플랫폼들의 뻔한 협박이다. 너희가 적응하든가, 아니면 퇴물이 되어 역사에서 잊히든가 하라는 식이다.

사실 르쿤의 스마트 안경은 유럽에도 있고 세계 어느 곳에서와 마찬가지로 꽤 잘나간다. 사용자가 보는 모든 것을 페이스북이나 인스타그램에 직접 올릴 수 있으니 SNS 마니아들이 열광할 만하지 않은가. 하지만 유럽 모델 스마트 안경에는 결정적인 한 가지 요소가 빠져 있다. 사용자가 보고 있는 것에 대해서 메타의 인공 지능에게 질문하고 답을 얻으면서 그로써 새로운 데이터를 인공 지능에 학습시키는 기능은 빠져 있는 것이다.

르쿤은 스마트 안경에 상당한 야심을 품고 있다. "10년 후에는 스마트폰을 쓰지 않고 증강 현실 안경을 쓰게 될 걸요? 컴퓨터는 늘 우리 주머니 속에 있겠지만 우리는 안경에 대고 말할 겁니다. 그러면 안경이 콘텐츠를 실제 세계에 겹쳐서 띄워 줄 거예요."

나는 내가 믿는 것만을 본다. 메타 덕분에 스마트 안경은 은유에 머물지 않고 우리의 일상 속으로 난입한다. 누구나 이 안경을 착용하면 자기만의 현실을 누리게 될 것이다. 머지않아 열 명이 똑같은 콘서트를 보러 가서도 각자 완전히 다른 경험을 하게 될 것이다. 증강 현실 안경이 각 사람에게 맞는 조명 효과, 맞춤형 광고, 선호하는 초대 가수들을 더해 줄 테니까. 회의, 정치 회담, 혹은 단순한 거리 산책조차도 그런 식으로 경험하게 될 것이다.

스마트 안경은 마법 왕국으로 통하는 문들을 활짝 연다. 상상해 보라. 외국에 여행을 갔는데 그 나라 말을 전혀 못 해도 간판이나 게시판을 보면 자동으로 번역이 되어 증강 현실 안경에 쫙 뜬다. 당신이 구사하는 언어를 전혀 못 알아듣는 사람에게 말을 걸어도 다 번역이 되어 안경에 뜬다. 그리고 상대가 하는 말도 그 자리에서 바로 번역이 된다. 길을 건널 때 자동차가 달려오는 것을 미처 보지 못했어도 스마트 안경이 알려 줄 것이다.

르쿤은 신이 나서 말한다. "그런 일들이 어디 한두 가지겠어요. 일정 시간이 지나면 여러분의 가상 비서가 여러분이 하는 모든 일을 파악하고 여러분이 무엇을 원하는지 아주 정확히 알아차릴 겁니다. 심지어 여러분이 장차 무엇을 원하게 될지 예측할지도 몰라요."

우리는 마침내 최종 지점에 도달했다. 기술 과두제의 통제 아래서 우리가 세상과 소통하려고 선택한 인터페이스는 바야흐로 우리가 무엇을 원하는지 말할 틈도 주지 않고 우리의 욕망을 채워 주려고 주머니에서 튀어나와 우리와 한 몸을 이룬다.

세인트로렌스강의 수평선에서 윤슬이 거대한 실리콘 칩처럼 반짝거리는 동안, 나는 르쿤처럼 스마트 안경을 쓴 것도 아닌데 불현듯 시커먼 번개 같은 것을 본다. 그것은 나를 따라다니는 어떤 장면, 중국의 거대 도시와 우한 고속 도로 옆에 우뚝한 대형 광고판이 보이는 음울한 장면이다. 광고판에는 커다란 글씨로 이렇게 쓰여 있다. "우리는 인류가 꿈꾸는 미래를 만듭니다."

혁명과 쿠데타의 기술

혁명과 쿠데타의 기술

군주와의 관계에서 가장 이로운 입장은 약간만 미움을 사는 것이다.[1] 생루이섬 강변을 거닐면서 쿠르초 말라파르테는 알프레트 폰 티르피츠* 제독이 남긴 이 말을 생각했을지도 모른다. 나는 늘 제독의 말을 지혜로운 명언이라고 생각했지만 말라파르테는 아마 그렇게 보지 않을 것이다. 그는 무솔리니에게 아주 약간 밉상으로 보였을 뿐인데 『라 스탐파』의 편집장 자리를 내놓아야 했다. 『라 스탐파』는 그가 고작 서른 살에 역대 최연소 편집장을 맡았던 토리노의 대표 언론이다. 그곳을 그만두는 것은 말라파르테에게 뼈아픈 시련이었다. 그는 초기에는 야심 찬 파시스트였고 마침내 정점까지 올라갔으며 그러한 위치에서 권력을 행사하

---

* Alfred von Tirpitz(1849~1930). 독일 제국 해군을 세계적 전력으로 키웠으나 제1차 대전 잠수함 정책 실패로 실각한 제독

고 사교계에서 빛을 발하는 데 익숙해졌다. 한편으로 감옥에 끌려가지 않고 이렇게 센 강변을 거닐고 있는 걸 보면 그는 아주 약간 미움을 샀을 뿐이다(옥살이는 2년 후에 하게 된다).

이러한 경로 이탈이 그에게 처음은 아니었다. 오히려 어느 정도의 어긋남이야말로 말라파르테라는 인물을 구성하는 요소였다고 말해도 좋겠다. 그는 토스카나 시골 한복판에서 태어나 쿠르트 에리히 주케르트라는 이름을 얻었다. 그의 부친은 독일인, 게다가 프로테스탄트 교도였으며 불안도가 높고 권위적인 사람이었다. 이탈리아인이었던 어머니는 아들에게 그리 애정을 쏟지 않았다. 말라파르테는 열다섯 살에 집을 나와서 독일과 싸우기 위해 프랑스 군대에 들어갔다. 종전 후에는 아직 권력을 잡기 전인 파시스트당에 들어가서 혈기 넘치는 문장들을 썼다. 하지만 그와 가장 친한 친구는 반파시스트 지식인 중에서도 가장 젊고 가장 명석한 피에로 고베티였다. 게다가 『라 스탐파』 편집장이 된 후로는 체제에 영합하는 글쟁이들을 멀리하고 당대 최고의 신진 작가들, 이를테면 코라도 알바로, 엘리오 비토리니, 알베르토 모라비아 같은 이들에게 길을 열어 주었다.

그와 무솔리니의 관계는 지그재그의 행보를 그려 왔

다. 두체Duce*는 말라파르테의 재능을 높이 사면서도 그를 경계했다. 그를 예측할 수 없는 인간이자 절묘한 한 문장을 얻기 위해서라면 가장 친한 친구도 달리는 열차 앞으로 떠밀 수 있는 인간이라고 보았기 때문이다. 그래서 무솔리니는 자기가 먼저 그를 열차 앞으로 떠밀었다.[2]

1931년 여름부터 이 모든 어긋남에 무솔리니의 약간의 미움이 더해진 탓에 그는 국외로 나가 있어야 했다. 하지만 파리에서 말라파르테가 강변을 거닐거나, 다니엘 알레비나 장 게에노 같은 친구들과 정치 및 문학의 현안을 논하거나, 비베스코 공주가 마지막으로 베푸는 성대한 연회를 즐기기만 했던 건 아니다. 물론 그러한 활동들도 열렬히 좋아하긴 했지만 말이다. 그는 『쿠데타의 기술』[3]이라는 개론서를 막 내놓은 참이었다. 이 책은 자유 민주주의를 저버리고 "국가의 문제를 혁명의 영역에 가져다 놓는" 극우와 극좌 정당들이 사용하는 방법을 낱낱이 해부한다.

말라파르테는 그러한 움직임들을 이론적 지식으로 접한 게 아니라 실제 형성 과정을 지켜보았다. 그는 아주 젊을 때 베르사유 최고 전쟁 회의Conseil supérieur de guerre de Versailles에

참석했다. 그 후 폴란드 주재 이탈리아 공사관에 있을 때는 피우수트스키 원수*가 이끄는 폴란드군과 볼셰비키군의 충돌을 보았다. 이탈리아로 돌아와서는 로마 진군, 즉 무솔리니의 쿠데타와 집권에 참여했다. 그는 기자 자격으로 소비에트 연방을 여행하고서 1920년대 말 새로운 소련 체제 안의 투쟁들에 대하여 대단히 훌륭한 탐방 기사 몇 편을 내놓았다.

『쿠데타의 기술』은 이러한 과정에서 무르익은 그의 생각을 잘 보여 준다. 그 생각 자체가 혁명적이다. 말라파르테는 비록 대부분이 (자유 민주주의 진영 지도자들까지 포함해서) 그 사실을 깨닫지 못하고 있지만, 권력을 쟁취하는 방식이 바뀌었다고 지적한다. 혁명은 더 이상 정치적 사건이 아니라 기술적 문제이고, 국가를 장악하기에는 잘 조직된 소수 정예가 무장 봉기한 민중 혁명군보다 훨씬 낫다.

말라파르테는 자신의 주장을 뒷받침하기 위해 러시아 10월 혁명이라는 결정적인 예를 든다. 그가 보기에 차르의 폐위 이후 러시아에서 권력을 잡고 있던 선량한 케렌스키**

---

* Józef Klemens Piłsudski(1867~1935). 군인이자 정치가로 폴란드 독립에 큰 공을 세웠으나 쿠데타를 일으켜 사실상 독재자가 되었다.
** Aleksandr Fyodorovich Kerensky(1881~1970). 러시아 임시 정부의 총리를 지냈으나 극좌·극우 갈등 속에서 1917년 볼셰비키 혁명으로 실각했다.

는 결코 유약하거나 무능한 인물이 아니었다. 그는 노동자들과 탈영병들의 봉기를 진압할 때는 물론, 이후 코르닐로프의 반란군을 진압할 때도 상당한 용기와 결단을 보여 주었다. 1917년 가을에 케렌스키는 볼세비키의 봉기를 우려하여 그가 취할 수 있는 모든 예방 조치를 취했다. 그러한 조치는 자유주의 정부의 수반이라면 누구라도 취할 법한 것이었다. 말라파르테는 마찬가지로 대응했을 법한 정부 수반들을 다소 가학적으로 하나하나 거명한다. 레몽 푸앵카레*, 데이비드 로이드 조지**, 존 알렉산더 맥도널드***, 조반니 졸리티****, 구스타프 슈트레제만*****까지.

다만 케렌스키의 상대는 게임의 법칙이 바뀌었음을 알고 있는 사내였다. 트로츠키는 혁명가들이 케렌스키 정부의 존재를 무시해야 한다고 보았다. 국가의 핵심은 정치적·관료제적 조직에 있지 않다. 토리드궁(당시 소비에트 대표자 평의회 소재지), 마린스키궁(임시 정부 회의처), 겨울 궁전(임

---

* Raymond Poincaré(1860~1934). 프랑스 총리와 대통령을 역임한 공화주의자
** David Lloyd George(1863~1945). 영국의 제53대 총리이자 영국 자유당이 배출한 마지막 총리. 보수당과 연립 내각을 구성했다.
*** John Alexander Macdonald(1815~1891). 캐나다 보수당 출신의 초대 총리
**** Giovanni Giolitti(1842~1928). 1892년부터 1921년까지 다섯 차례 이탈리아 총리를 지낸 자유주의 정치인으로 다양한 세력과 협력했으며 1921년 총선에서는 파시스트가 포함된 '자유 블록' 구성에 참여했다.
***** Gustav Stresemann(1878~1929). 바이마르 공화국의 제16대 총리. 중도 우파를 표방했고 독일-프랑스 간 국경을 인정한 로카르노 조약 체결의 공을 인정받아 노벨 평화상을 받았다.

시 정부 본부)이 아니라 기술적 조직, 다시 말해 발전소, 철로, 전화, 전신, 항구, 가스탱크, 수도 시설을 장악하는 것이 중요했다.

트로츠키는 — 적어도 말라파르테가 묘사하는 트로츠키는 — 말한다. "현대 국가를 장악하려면 돌격대와 기술 인력이 필요하다. 엔지니어들이 무장한 병사들의 부대를 지휘한다."

당원 동지들조차 우려를 내비쳤다. 그들이 항상 생각해 왔던 것은 민중 봉기였으니까. 이건 프롤레타리아 혁명이지 소수의 전문가가 주도하는 외과 수술이 아니지 않은가.

그러나 트로츠키는 흔들림 없이 계획을 밀고 나갔다. 당시 페트로그라드(현 상트페트르부르크)는 극심한 혼란에 빠져 있었기 때문에 노동자들과 무장하지 않은 해병들의 소집단이 전화국이나 전신국, 우체국에 슬그머니 침투해도 아무도 몰랐다. 기술자들이 현장에서 가스관, 수도관, 전선, 전화 및 전신망의 분포를 몰래 연구하고 있는 것을 아무도 몰랐다. 트로츠키가 침투시킨 요원들은 직장 복도나 엘리베이터 안에서 마주쳐도 서로 모르는 사이인 척했다.

10월 21일, 철도역 장악 임무조들이 최종 리허설을 완벽하게 마쳤다. 눈치챈 사람은 아무도 없었다. 바로 그날 항구 초입에 위치한 발전소에 해병 세 사람이 나타났다고 말라파르테는 이야기한다. 발전소장은 그들을 반갑게 맞아들였다. "드디어 왔구먼. 군 지휘부에 보안병 파견을 요청한 지 몇 주나 됐는데 말이오." 그런 식으로 세 명의 볼셰비키는 발전소에 침투했다. 물론 그들은 무장 봉기가 일어날 경우 붉은 군대로부터 발전소를 지키는 것이 그들의 임무인 척 연기를 했다. 마찬가지 방식으로 다른 도시의 발전소들에도 해병들이 침투했다.

10월 24일, 트로츠키는 공격을 개시했다. 모든 일이 몇 시간 안에 이루어졌다. 붉은 군대의 기술자들은 정치 기관들을 건드리지 않고 국가의 핵심 거점들을 장악했다. 의회, 내각, 정부 본부는 다 그대로 남았다. 말라파르테는 일찍이 이토록 정부를 자유롭게 내버려 두고도 승리를 거머쥔 반란은 없었다고 말한다. 레닌조차 이 승리를 완전히 믿지 못했다. 다음 날 레닌은 제2차 소비에트 회의가 열리는 스몰니궁에도 노동자로 변장하고 나타났다. 트로츠키는 수염을 밀고 가발을 쓴 레닌을 알아보고는 놀림조로 말했다. "왜 아직도 변장하고 계십니까? 승자들은 숨지 않습니다."

테크 포식자들의 시대

테크 포식자들의 시대

"일론, 내가 포문을 연 정치적 논쟁은 당신과 밀레이의 생각에서 힌트를 얻은 것입니다. 이민 통제는 독일에서 대단히 중요한 사안이지만 AfD(독일을 위한 대안당)는 자유와 기업 활동을 저해하는 극우 정당입니다. 너무 성급한 결론을 내리지 말아요. 한번 만납시다. 그러면 우리 당이 무엇을 위해 싸우는지 보여 드리겠습니다."

전 세계 정치인들이 매일 SNS에 올리는 수천 개, 아니 수십만 개 메시지 가운데 2024년 12월 20일에 독일의 재무 장관이자 자유 민주당 대표인 크리스티안 린트너가 일론 머스크에게 공개적으로 게시한 이 메시지만큼 비장하고 어리석고 순진하다 못해 눈물 나는 메시지는 없으리라.

세계 최고의 부호는 이에 일말의 지체 없이 응답했다. "전통 정당들은 독일 국민의 신뢰를 완전히 배반했지요.

AfD가 독일의 유일한 희망입니다."

머스크는 이미 보우소나루, 밀레이, 부켈레를 지지한 바 있다. 또한 트럼프가 미국 대통령으로 당선되는 데 지대한 공헌을 했다. 그러한 그가 유럽으로 눈을 돌렸다. 영국에서는 브렉시트를 주도하는 정당*의 편에 섰고, 독일에서는 극우 정당 AfD를 노골적으로 지지했다.

이러한 행동을 남아공 출신 억만장자의 오만 가지 기행 중 하나쯤으로 간과하는 것은 치명적 오산이다. 사실 머스크의 행보는 일개 개인의 선호를 넘어서는—그 개인이 아무리 강력한 테크 업계의 거물일지라도—한층 더 근본적인 그 무엇을 드러낸다. 훨씬 더 뿌리가 깊고 훨씬 더 심각한 결과를 불러오게 될 그 무엇을 말이다.

테크 정복자들은 거치적거리는 기존의 정치 엘리트들을 치워 버리기로 작정했다. 그들이 이 목표를 달성한다면 린트너와 그 비슷한 정치인들의 세계, 자유주의자와 사회민주주의자, 보수와 진보, 요컨대 우리가 민주주의의 기본 축으로 으레 생각했던 모든 것이 사라질 것이다.

---

* 영국 독립당UKIP, 브렉시트 이후의 영국 개혁당Reform UK을 가리킨다.

지금까지 재계 엘리트, 금융계 인사, 기업가, 대기업 경영진은 기술 관료 정치인(혹은 기술 관료를 지향하는 정치인) 계층에 의지해 왔다. 이 정치인들은 좌파, 우파를 막론하고 적당히 중도적이고 따분하기 그지없어서 서로 거의 구별되지도 않는다. 그들은 자유 민주주의와 시장 원리를 바탕으로, 때로는 사회적 고려에 따라 그 원리를 다소간 억제하면서 국가를 다스려 왔다.

그것이 바로 다보스식 합의였다. 제설기로 잘 정리된 푸른 슬로프가 『마의 산』의 가늠할 수 없는 격변을 대신하는 곳.

포식자들의 시간에 이 균형은 무너지고 만다. 머스크나 저커버그 같은 새로운 테크 엘리트들은 다보스 포럼에 모이는 기존의 기술 관료들과 완전히 다르다. 그들의 인생 철학은 기존의 것을 잘 관리하려는 욕망보다 혼돈을 불러일으키려는 강력한 욕망에 기반한다. 질서, 신중, 규칙에 대한 존중이 페이스북의 모토인 "빠르게 움직이고 문제들을 부숴 버려라(Move Fast And Break Things)"에 걸맞게 신속한 시도와 혁신의 경험을 쌓은 이들에게는 금기시된다.

테크 거물들은 보르자형 인간상에 더 가깝다. 그들은 두각을 나타내기 위해 거의 항상 관습을 깨부수고 기행을 일삼는다는 점에서 보르자형 인간들과 닮았다. 또한 전문가와 엘리트, 즉 자신의 꿈을 밀고 나가는 데 방해가 되는 기존 세계의 대표자들을 경계한다는 점도 비슷하다. 그들도 보르자형 인간들처럼 매우 행동 지향적이고 현실을 자기 뜻대로 주무를 수 있다고 생각한다. 진실보다는 파급력이 중시되고, 속도는 가장 강한 자에게 유리하게 작용한다. 또한 그들도 보르자형 인간들처럼 정치가들과 관료들을 약해 빠진 위선자로 보고 멸시한다. 그들은 그 위선자들의 시대가 이미 끝났다고 생각한다. 인터넷과 소셜 네트워크 덕분에 기존 엘리트들의 약점과 위선이 만인 앞에 까발려지고 있으니까.

실제로 테크 거물들은 보르자형 인간이 맞다. 그리고 이러한 일치는 그 대표적 인물 중 누군가가 아무리 중요한 역할을 맡는다 해도 그 역할을 훨씬 넘어서는 의미가 있다.

트럼프의 재선은 이러한 시각에서도 중대한 전환점이다. 이제 테크 정복자들이 사상 처음으로 기존 엘리트들과의 전쟁을 선포해도 될 만큼 힘을 키웠다고 생각하게 되었기 때문이다. 이전까지 테크 거물들은 다보스 블록의 지배적 위상에 감히 대놓고 도전할 수 없었기 때문에 자신들이 보르자형 인간이라는 사실을 잘 숨겨 왔다. 오랫동안 그들은 외교적 수완을 보여 주면서 사자보다는 여우에 가깝게 처신해야 했다. 비록 속으로는 정치인이라는 구닥다리 부족장들보다 자기들이 한 수 위라는 것을 보여 주고 싶어 부글부글 끓어올랐지만 말이다.

머스크가 있기 전에, 에릭 슈미트가 있었다.

에릭 슈미트는 교육으로 보나 성격으로 보나 전략적 계산으로 보나 모든 면에서 일론 머스크와는 정반대다. 머스크가 안하무인이고 제멋대로인 만큼 슈미트는 온화하고 신중하면서 협조적이다. 슈미트가 미 국방성 복도를 오가거나 아스펜 연구소°에서 유력 정치인들에게 둘러싸여 있을 때, 어색할 정도로 너무 큰 양복 차림에 늘 미소를 띠고 한량없이 너그러운 표정을 짓고 있는 그의 모습은 시골 목사님 같기도 하다. 옛날 같았으면 마을 전체의 정신적 지주 역할을 했을 그런 목사님 말이다. 하지만 슈미트는 추기경에 더 가깝다. 너무나도 영리하고 너무나도 자신의 권력을 잘 의식하고 있기에 교황 자리를 탐내지 않는 추기경 말이다.

° 　미국의 비영리 정책 연구소

샤를 8세의 부친은 아들이 이 다섯 단어 이상의 라틴어를 배우기를 원치 않았다. Qui nescit dissimulare, nescit regnare(숨기지 못하는 자는 통치하지 못한다).[1] 에릭 슈미트의 아버지는 비록 프랑스 왕이 아니라 국제 경제학 교수일 뿐이었지만 비슷한 교훈을 아들에게 주입했을 것이다.

2000년대 초, 구글은 벽에 부딪혔고 회사를 창립한 소시오패스 천재 두 사람은 자기들을 이끌어 줄 어른이 필요하다는 것을 깨달았다. 그들이 손을 내민 상대가 에릭 슈미트였다. 그때부터 슈미트는 회사의 전권을 쥐고 우리가 현재 알고 있는 거대 기업 구글을 만들었다. 창립자 래리와 세르게이는 그들에게 유일하게 흥미 있는 포스트 휴먼적 연구에 전념할 수 있게 되었다. 마운틴뷰에 있는 구글 본사의 집행 위원회에서도 그 둘은 화면만 들여다보고 있다가 슈미트의 말투가 바뀌면 그제야 고개를 든다. "래리, 세르게이, 이 문제는 두 사람이 주목해 줘야 해요." 그러면 둘은 잠시 정신을 차렸다가 그 후 다시 형이상학적 탐구에 빠져든다.

오바마 재임 기간 내내 에릭 슈미트는 신출귀몰했다. 과학, 기술, 디지털, 산업 정책과 관련된 자리라면 헐렁한 양복에 사람 좋은 얼굴을 한 그가 어김없이 나타났다. 그는 늘 좌중에게 그리스도의 축복이라도 내리려는 듯 보였다.

　2012년 민주당 후보 오바마의 재선을 위해 그가 쏟아부은 노력은 훗날 머스크가 트럼프에게 제공하는 어떤 지원보다 한층 강력했다. 당시 오바마의 재선 가도는 순탄치 않았다. 대통령으로 처음 선출되었을 당시의 열광은 이미 오래전에 식었고, 경기는 회복이 요원했으며, 많은 미군 병사가 이라크와 아프가니스탄에서 '급조된 폭발 장치'로 인해 목숨을 잃고 있었다. 오바마가 애초에 대통령으로 당선될 수 있었던 요인들은 거의 다 사라지고 마지막 하나 남은 카드가 바로 인터넷이었다. 그리고 다행스럽게도 그의 옆에는 '추기경' 슈미트가 버티고 있었다.

　2011년 1월 20일, 백악관은 대통령 재선을 위한 선거 운동 본부 구성을 발표했다. 초선 당시 디지털 선거 운동을 지휘했던 짐 메시나가 총괄을 맡았다. 같은 날 마운틴뷰에서 에릭 슈미트는 구글의 일인자 자리를 조용히 사임했다. 그는 이사회 의장직만 유지함으로써 운신이 한결 자유로워졌고, 덕분에 짐 메시나의 멘토로서 그들의 친구 오바마의 재선을 도울 수 있었다. 두 남자는 전략을 함께 개발했다. 그들은 선거 운동이 펼쳐지는 각 주에서 유권자 한 사람한 사람을 맞춤 공략하기 위해 전례 없던 방대한 선거 데이터베이스를 구축했다. 2008년 대선에서 인터넷이 커뮤니케이션 도구였다면 2012년 대선에서는 정보 수집의 도구였다.

이 프로그램은 파도 사이로 긴 뿔을 드러내는 무서운 포식자 고래의 이름을 따서 '일각돌고래 프로젝트Project Narwhal'로 불렸다. 공화당원들은 아무것도 눈치채지 못했다. 수십 명의 엔지니어가 몇 달 내내 주 6일 하루 14시간씩 매달려 이 심해의 무시무시한 괴물을 만들었다. 그들은 주로 구글에서 일하던 사람들이었지만 트위터, 페이스북, 그 외 실리콘밸리의 다른 기업 출신들도 있었다. 일각돌고래 프로젝트 덕분에 오바마는 그의 백악관 입성을 가능케 했던 미국인 6,945만 6,897명의 이름을 전부 다 안다는 확신과 함께 재선의 해를 시작한다. 대선은 당연히 비밀 투표로 이루어지지만, 일각돌고래 프로젝트의 데이터가 워낙 세밀하다 보니 데이터 분석가들은 선거구별로 오바마 지지자들을 정확하게 가려낼 수 있었다. 각 유권자에게는 0에서 100 사이의 점수가 매겨졌다. 0점은 그 유권자가 공화당 후보 롬니에게 투표할 것이라는 의미다. 100점은 오바마의 열성적인 지지자를 뜻했다. 그렇다면 남은 과제는 접전 주에서 45~55점 사이, 즉 표심을 완전히 굳히지 않은 유권자들에게 모든 자원과 수단을 집중하는 것밖에 없고 그것으로 게임은 끝이다.

선거 운동 내내 일각돌고래 프로젝트는 가구별로 '유효한' 유권자들을 추적하여 그 사람의 사상과 관심사에 맞춘 메시지를 보냈다. 2008년의 원대한 비전은 현실의 벽에 부딪혀 산산이 부서졌기에 오바마의 참모들은 방향을 바꾸었다. 이제 인터넷은 동원의 도구가 아니라 분할의 도구였다. 그런 일은 세계 최고의 광고 기업을 이끄는 에릭 슈미트에게 누워서 떡 먹기였지만 미국 정치계에는, 그리고 그 너머에도 일대 혁명이었다. 2012년에 처음으로 세계에서 으뜸가는 민주주의 국가의 선거 운동이 소프트웨어 전쟁으로 변했다. 그리고 테크 추기경 덕분에 민주당이 압도적 우위에 있음이 드러났다.

대선 당일, 슈미트는 시카고에 있는 오바마 선거 캠프 본부에 있었다. 흐릿한 사진 속에서 그는 청바지에 체크무늬 셔츠 차림으로 감자튀김을 먹는 사람들 사이에 앉아 있었다. 그날 밤 오바마는 득표율 51퍼센트로 당선되었다. 2008년 대선에 비해 350만 표나 적게 얻었지만 전략적으로 잘 분배된 득표였기 때문에 선거인단의 다수를 확보하고 승리한 것이다. 2008년 초선이 정치적 성격의 승리였다면, 2012년의 승리는 본질상 기술적 성격을 띠었다.

그날을 기점으로 테크 추기경이 뿜어내는 성스러운 향기가 민주당 행정부의 구석구석까지 스며들었다. 오바마 재선으로부터 2주 만에 반독점 위원회는 구글을 상대로 제기된 소송을 기각했다. 이미 백악관 과학 기술 자문회에 속해 있던 에릭 슈미트는 국방 혁신 위원회 초대 의장에 임명되었다. 슈미트 본인의 표현을 인용하자면 이 새로운 기관은 "미국의 기술적·군사적 우위를 보장하기 위한" 전략 개발을 임무로 삼는다. 그 후 슈미트는 최초의 인공 지능 위원회도 이끌게 된다. 추기경은 원자로의 중심부에 자리를 잡았고, 그의 발언은 미래와 관련된 모든 주제에 권위를 행사했다.

구글 추기경의 비유는 오랫동안 민주당과 손잡고 약진한 수많은 테크 정복자 가운데 가장 인상적인 한 예일 뿐이다. 실제로 바이든 정부가 막을 내릴 때까지 사정이 그러했다.

이러한 밀착 관계 때문에 항상 규범과 법의 준수에 깐깐하게 굴던 변호사들의 정당이 국가 정치의 상당 부분이 옮겨 간 플랫폼들에는 규제를 둘 생각을 하지 못했던 것이다. 심지어 트럼프가 대통령에 처음 당선됐을 때도 — 이때는 플랫폼 권력이 미국 민주주의의 작동 방식을 근간부터 뒤흔들고 있음이 이미 명백했는데도 ─ 민주당은 게임의 새로운 지배자로 등극한 이들에게 최소한의 책임을 부과하려는 시도조차 하지 않았다. 그리고 경쟁이 인공 지능이라는 무대로 옮겨진 때에도 변호사들의 정당은 가끔 구글이나 마이크로소프트 경영진과 우호적인 만남을 갖는 정도로 만족하며 내처 올림포스의 신들과도 같은 무심함으로 일관했다. 그랬기 때문에 과거에 정부 통제하에 개발되었던 핵무기나 그 외 군사 기술과는 달리, 오늘날 AI는 민간 기업들의 주도로 폭주하고 있고 이제 그 기업들은 국가에 버금가는 위상을 지닌다.

30년 전, 그러니까 1990년대 중반부터 현재까지 미국 민주당 정치인들은 테크 기업가들 앞에 납작 엎드렸다. 한때 이 기업가들은 약간 아스퍼거 기질이 있는 순박한 '너드'답게 전 세계가 형제가 되는 미래를 약속했다. 그러나 지금 그들은 여전히 아스퍼거이지만 전 지구적, 우주적 패권을 두고 무자비한 전쟁을 벌이는 무시무시한 몰록Moloch*들이 되어 있다.

• 　　고대 셈족이 섬기던 화신火神. 어린아이를 불 속에 던져 제사를 지냈다.

"멕시코 제국은 어떤 면에서 멕시코인들 자신에게 정복당했다." 모테쿠소마 2세 시대에 스페인 식민을 처음으로 연구했던 역사학자 중 한 명은 이렇게 말한다. 지도도 없고 현지 언어와 풍습도 전혀 알지 못하던 소수의 탐험가가 그들만의 힘으로 아메리카 대륙에서 가장 강성했던 국가 체제와 인구 20만의 수도를 정복할 수 있었을 리 없다. 그들의 성공은 현지 유력 인사들이 새로 등장한 이들의 마법에 겁을 먹거나 사적 이익에 눈이 멀어 공모자 노릇을 했기 때문에 가능했다.[2]

디지털 식민화 시대에 중도파 정치 지도자들이 바로 그런 역할을 하고 있다. 그들 중 일부는 아예 한 발짝 더 나아가 신흥 정복자를 위해 일한다. 이를테면 전 부통령 앨 고어는 백악관에서 인터넷 관련 사안을 관리한 후 처음에는 애플에서, 그다음에는 실리콘밸리의 모 벤처 투자사에서 수억 달러를 벌어들였다. 전 영국 부총리 닉 클레그는 마크 저커버그의 수석 로비스트가 되었지만, 트럼프 재선 며칠 후에는 평범한 일개 집사처럼 해고당했다.

그 이유는 예상할 수 있었던 대로 그 사이에 정복자들이 가면을 벗어던졌기 때문이다. 에릭 슈미트나 빌 게이츠 같은 이들이 선량한 진보 민주당 당원을 표방하고 나설 때 그들의 진실성을 부인한 사람은 아무도 없었다. 심지어 그들 중 일부는 여전히 자기가 그런 사람이라고 생각한다. 하지만 분명한 것은 테크 거물과 보르자형 인간 사이에는 개인의 선호를 초월하는 구조적 유사성이 존재한다는 것이다. 이 두 종류의 포식자는 디지털 봉기에서 힘을 얻고 자신의 권력 의지에 제한을 둘 생각이 전혀 없다. 그들에게 변호사 무리는 당연한 적, 새로운 세계를 열기 위해 제거해야 하는 표적이다.

포식자들의 시대에 전 세계의 보르자형 인간들은 자기가 지배하는 영토를 디지털 정복자들에게 실험실로 내어 주고 있다. 정복자들이 구시대의 법과 권리 따위에 얽매이지 않고 미래에 대한 그들의 비전을 마음껏 펼칠 수 있도록 말이다. 사우디아라비아의 MBS는 기술의 법만이 적용되는 스마트 도시를 건설 중이고, 엘살바도르의 부켈레는 비트코인을 자국의 공식 화폐로 채택했으며, 아르헨티나의 밀레이는 AI 서버에 전력을 공급하기 위한 원자력 발전소 건설을 검토 중이다. 트럼프 역시 자기 행정부의 주요 영역 전체를 실리콘밸리에서 가장 막 나가는 가속주의자들에게 맡겼다. 그들의 주도하에 세계는 아무런 제동 장치 없이 포스트 휴먼 미래를 향해 질주하는 영토들의 조각보가 되어간다.

미국뿐만 아니라 전 세계에서 변호사들은 새로운 지배자들 앞에 납작 엎드렸다. 그렇게 복종하면 자기 자리를 보전할 거라 생각했지만 실상은 그렇지 않았다. 머리 위의 하늘이 무너져 내렸건만 독일 자유주의를 대표하는 명석한 정치 지도자를 비롯한 대다수는 무슨 일이 일어났는지조차 모르고 있다. 그들은 늘 도널드 트럼프와 일론 머스크 사이의 사소한 불화 따위로 상황이 바뀔 수 있다고 생각한다. 누가 알랴, 그들은 조제프 드 메스트르*가 코스타 후작 부인에게 알려 주었던 것처럼 그들에게도 이렇게 알려 줄 누군가를 기다리고 있을지도 모른다. "용기 있게 인정해야 합니다, 부인. 우리가 오랫동안 혁명을 지켜보았으면서도 이해하지 못했다는 사실을 말입니다. 우리는 오랫동안 혁명을 하나의 '사건'으로만 여겼지요. 실수한 겁니다. 그것은 하나의 '시대'입니다."[3]

---

* Joseph de Maistre(1753~1821). 사르데냐 왕국의 프랑스계 사상가로 반계몽주의와 절대 군주정을 옹호했다.

AI, 새로운 권력의 출현

AI, 새로운 권력의 출현

노년은 지혜가 무르익는 계절이라고들 한다. 그렇지만 오히려 정반대일 때가 아름답다. 노인의 광기보다 저항하기 어려운 매력은 없다. 노인은 더 이상 콤플렉스나 야망에 얽매이지 않고 뭔가에 영합할 필요나 의욕도 없기에 있는 그대로의 진실을 말한다. 진실을 말하는 것이 즐겁기 때문에, 혹은 겁을 주고 싶어서, 그리고 때로는 정말로 겁을 줄 수도 있기에.

스무 살 청년 시절, 그런 어르신 한 분을 자주 뵈었다. 그분은 나의 첫 저서를 읽고서 이따금 식사에 초대해 주셨다. 누군가를 불러 놓고 자기 이야기를 하기 좋아하는 분이셨다. 그 어르신이 바로 프란체스코 코시가 전 대통령이다. 그의 우울증과 빼어난 지성은 익히 알려져 있었다. 코시가는 알도 모로 납치 사건* 당시 내무 장관을 지냈고, 그 후 총리를 거쳐 이탈리아 공화국 대통령이 되었다. 하지만 막중한 직책들을 감당하는 중에도 양극성 기분 장애는 나아지지 않았기에 그는 조증과 우울 에피소드 사이에서 계속 널을 뛰었다. 내가 만났을 당시의 그는 아침에 일어나면서 오늘 하루를 어떻게 보낼지 오로지 그것만 생각하는 사람 같았다. 납탄 시대**의 오만 가지 암투 속에서 그를 국가의 최고 권력에 올려놓았던 마키아벨리적 지능이 이제 즐거움이라는 유일한 목적에 사용되고 있었다. 재미있게 살기, 그것도 가능한 한 친구들에게는 미소를, 적들에게는 등골이 서늘해지는 인상을 남기는 방식으로. 그는 기상천외한 이야기를 들려주었고, 현 상황을 분석했으며, 전면에 드러나지 않은 속셈들을 해독했고, 가끔은 인터뷰에 응함으로써 로마 정치계라는 소우주에 폭탄을 투척하는 발언을 하기도 했다. 그 인터뷰들은 정치 지능, 냉소주의, 잔인하지만 사심은 없는 독설로 쌓아 올린 작은 금자탑들이었다. "전 공산당 서기장? 그 콧수염 기른 좀비 말이오? 팔레르모 시장 레오루카 올란도? 광신적인 사제에게 빠져서 길을 잘못 든 불쌍한

---

*   알도 모로Aldo Moro(1916~1978)는 이탈리아에서 다섯 차례나 총리를 지낸 명망 높은 정치인이었으나, 총리 퇴임 이후 극좌파 테러리스트 붉은 여단에 납치돼 살해되었다.

**   정치적 폭력과 테러가 횡행했던 유럽의 1970~1980년대를 가리킨다.

사내지. 자기가 17세기 파라과이에서 사는 줄 안다니까."

그는 밤이면 지역 텔레비전 채널의 홈쇼핑 방송을 보았다. 하루는 콜센터에 전화를 걸어 주방용 칼 세트를 주문했다. "이름은 프란, 체스, 코, 코, 시, 가, 입니다." 그는 독일인처럼 엄격하게 음절 하나하나를 끊어 가며 사르데냐 특유의 억양으로 말했다. 콜센터 상담원들은 놀라서 어쩔 줄 몰라 했고 결국 주방용 칼 세트를 그에게 선물로 보내 주었다.

코시가는 기술과 첩보에 비상한 관심을 기울였다. 하루는 그가 점심 식사 후 소파에 앉아 휴대전화에 뭔가를 입력하기 시작했다. 처음엔 그냥 누구에게 전화를 거는가 보다 생각했는데 몇 분이 지나도록 그가 휴대전화를 붙들고 있는 게 아닌가. 나는 저 어르신이 완전히 총기를 잃은 게 아닐까 걱정이 되기 시작했다. 알고 보니 그는 당시로서는 생소했던 SMS를 보내는 중이었다. 그 시절만 해도 전화가 문자 메시지를 주고받는 수단이 될 거라고 생각하는 사람은 없었다. 그 초창기의 SMS를 주고받은 사람은 전직 대통령과 국가 정보 기관의 수장뿐이었다.

그 후 그는 돌연히 오랜 무기력 상태에서 벗어나 프로디•

• Romano Prodi(1939~). 1996~1998년, 2006~2008년 두 차례 총리를 지낸 이탈리아의 정치인

정부를 무너뜨렸다. 당시 나는 청춘의 열정을 다 바쳐 프로디 정부를 위해 일하고 있었다. 그 후 다시는 코시가를 만나지 않았다. 그는 더 이상 내게 재미있는 어르신이 아닌 것 같았다. 어느 날 판테온 광장에서 그와 마주쳤다. 그는 로마에서 강자 주위에 순식간에 형성되는 펠리니적인 아첨꾼들의 무리에 둘러싸여 있었다.

"대통령님, 어떻게 된 겁니까……."

그는 나를 난생처음 본다는 듯이 빤히 바라보았다. 그러고는 마치 이렇게 말하는 듯한 몸짓을 했다. SMS, 이탈리아 정부, 홈쇼핑 주방용 칼 세트……. 그 모든 것이 마찬가지라고.

나중에 그는 자신이 그럴 수밖에 없는 처지였노라 해명했다. 미국이 코소보 폭격을 결정했고 프로디를 지지하는 극좌파는 이탈리아 군사 기지 사용을 허락하지 않았기 때문이다. "미국인들의 문제는 이겁니다. 그들은 복음서의 명명백백한 표현은 액면 그대로 받아들이지만 '어쩌면'이나 '한편으로는'처럼 미묘한 용법 — 이탈리아 정치 언어에 전형적인 표현들 — 에는 전혀 익숙지 않습니다."[1]

코시가의 현실 정치 realpolitik 는 내 인생 처음으로 정치에서 경험한 실망 중 하나였다. 하지만 이 사실을 인정해야겠다. 이후에도 나는 예상치 못한 일을 만들어 낼 줄 아는 노인들에게 유독 마음이 약해지곤 했다. 여든두 살에 가출을 감행해 자신을 어딘가로 데려가 줄 철로 옆에서 죽기로 작정한 톨스토이의 정신이 그런 것이다. 말년의 사르트르는 마르크스를 부정하고 난데없이 토라 연구에 뛰어들어 센강 좌안의 지식인들을 발칵 뒤집어 놓았다(제자들을 배반할 수 있다는 것은 노망의 잘 알려지지 않은 또 다른 축복이다……). 자식들에게 유익한 충고를 늘어놓느니 그냥 반면교사反面教師로 남기로 작정한 사람들도 다 그런 예다.

헨리 키신저는 언뜻 보기에 이 범주에 속하지 않을 것 같은 인물이다. 그는 오히려 권력을 곤충 연구하듯 세밀하게 관찰하고 뜯어보는 사람이었다. 키신저는 끝까지 인맥 관리에 공을 들였다. 오죽하면 그 많은 사람을 실망시키지 않기 위해 백 세 생일잔치를 뉴욕, 코네티컷, 영국 시골, 바이에른으로 나누어 네 번이나 해야 했을까.

존 F. 케네디의 자문이었고, 리처드 닉슨의 국무 장관이었으며, 외교관이자 역사가이기도 했던 키신저는 제2차 세계 대전이 깊이 각인된 세대의 마지막 대표자였다. 그는 세상의 모든 거물에게 접근했던 인물이기도 하다. 베이징으로 날아가 시진핑과 면담을 나누고, 미국 대통령에게 비밀리에 메시지를 보낼 수도 있었던 최후의 늙은 현자 말이다.

그는 정치 자문 역을 하면서 희열과 좌절을 사무치도록 겪었다. 한번은 그런 역할이 "절벽으로 차를 몰아 가는 운전사의 조수석에 앉아서도 연료 탱크나 타이어 압력을 확인하는 것 이상은 할 수 없는 처지"와 비슷하다고 말하기도 했다.[2]

키신저는 현실 정치 경향뿐만 아니라 잔인한 유머 감각도 그의 친구 코시가와 많이 닮았다. 그는 정치를 할 때는 선택지가 두 가지밖에 없다고 했다. 의도적으로 사람을 웃기든가, 그게 아니면 본인의 의지와 상관없이 웃기는 사람이 되든가. 그렇다면 차라리 작정하고 웃기는 편이 낫다.

세계 속에서 한 역할을 하려면 어떤 준비를 해야 할지 질문하는 이에게 키신저는 윈스턴 처칠을 인용하여 답했다. "역사를 공부하세요, 역사를 공부하세요. 뭐니 뭐니 해도 역사를 공부해야 합니다."[3] 보르자형 인간들이 기억이 희미해질 때를 틈타 역사를 다시 쓰고 20세기 전반부의 반민주주의 운동들을 부채질하는가 하면 테크 거물들이 과거에 대한 그들의 무지를 마케팅 기조로 삼는 이 시대에 규칙의 위반은 극에 달한다.

 "베이징에 다시 오니 좋군요! 톈안먼 광장을 한 바퀴 뛰는 것으로 중국 방문을 시작했습니다." 마크 저커버그는 이 글과 함께 중국 군대가 1989년 봄에 대학생 수천 명을 학살했던 역사적 장소를 반바지 바람으로 달리는 사진을 페이스북에 게시했다. 제프 베이조스는 나치 과학자를 자기네 우주여행 사업팀의 본보기로 언급하면서 "나는 '불가능'이라는 단어를 매우 신중하게 사용하는 법을 배웠습니다. 여러분도 부디 이러한 태도로 살아가기를 바랍니다"라고 으스댄다.

 그렇긴 해도 키신저는 과거에 대한 향수에 젖어 사는 고루한 노인네가 절대로 아니었다. 오히려 그는 호기심이나 이해하고자 하는 욕망이 풍부했는데, 그러한 자질이 오늘날의 권력자 세대에게는 심히 부족하다. 무엇보다 역사는 그것을 활용할 줄 아는 사람에게는 진정으로 새로운 사건을 이해하는 수단이다.

 키신저는 2015년에 어떤 학회에 참석했던 이야기를 들려준다. 그는 인공 지능 세션은 아는 게 없고 자신과 하등 관련도 없어 보여서 원래 빼먹을 작정이었다. 그래도 게르만적인 마음의 찜찜함 때문에 결국은 그 세션에도 들어갔는데 거기서 벼락같은 첫 만남을 경험했다. 딥마인드의 창립자 데미스 허사비스가 그곳에서 세계 최고의 바둑 고수도 이길 수 있다는 소프트웨어를 소개하는 중이었다. 하지만 키신저는 곧바로 이 게임의 판돈이 훨씬 더 크다는 점을 알아차렸다. 그리고 생각했던 바와 달리 인공 지능이 '역사가이자 파트타임 정치가인' 자신과 직결된 사안이라는 것도 깨달았다.

그는 역사상 처음으로 "지식이 개인적 성격을 잃고 있다. 각 사람은 데이터로 변환되고 데이터가 우위를 점한다"라고 지적했다.[4] AI는 단순히 권력의 기폭제이기만 한 것이 아니라 지금까지 인간이 만들어 낸 모든 기계와는 구별되는 새로운 형태의 권력이다. 자동화는 수단에 관한 것이지만 AI는 목적에 관여한다. AI는 스스로 목표를 설정하고 "인간에게만 고유한 것으로 믿어 왔던 역량을 계발한다. AI가 미래에 대한 전략적 판단을 내릴 수 있다는 말이다."

훨씬 젊은 민주당 당원 변호사들이나 다보스의 유력 정치인들이 인공 지능을 그저 기술적 중대 사안으로만 보았던 초창기부터 키신저는 그것이 정치적 중대 사안임을 통찰했다. 나는 내가 잘 알고 지냈던 코시가도, 혹은 그 세대의 가장 명석한 지도자들도 능히 그럴 수 있었으리라 짐작한다. 젊은 날에 전쟁을 경험했던 그들은 권력을 파워포인트 슬라이드로 무장한 기술 관료들의 경쟁 따위로 착각하지 않았다. 그들은 페늘롱*을 굳이 읽지 않고도 본능적으로 인간들 사이에서 우세한 권력이 엄정한 선을 지켜 가면서 행사되기를 바랄 수 없다는 것을 알았다. 그들이 떠난 후로 우리는 그러한 지혜를 잃었는데, 마침 그런 와중에 새로운 힘이 등장한 것이다. 키신저는 권력을 곤충 연구하듯 면밀하게 관찰했던 사람답게 그 힘의 심원한 본질을 알아보았다. 그가 묘사한 AI는 사람들을 경악하게 하는 능력에 기반한 보르자형 기술로서 등장했다. 보르자형 인간들이 그렇듯 AI는 혼돈을 자양분 삼고 거기서 놀라움을 끌어낸다. 아직 그 실행 능력은 제한적이지만 자율적 작업 수행이 가능한 차세대 소프트웨어들이 이미 출범 준비 중이다. AI도 보르자형 인간들과 마찬가지로 규정이나 절차에 얽매이지 않는다. 아무도, 심지어 그것을 만든 사람조차도 AI가 어떻게 결정을 내리는지 모른다. 오로지 결과만 — 밀레이라면 '성공'이라고 할 텐데 — 중요하고 거기까지 가는 과정은 뭐가 되든 상관없다. AI의 권력은 전혀 민주적이지 않고 투명하지도 않다. AI는 인공artificiel 지능이지만 그보다 더 중

---

* François Fénelon(1651~1715). 프랑스의 성직자, 신학자, 작가로 루이 14세의 정치를 비판적으로 풍자한 소설 『텔레마코스의 모험』을 썼다.

요한 의미로는 '독선적인autoritaire' 형태의 지능이다. 데이터를 집중시키고 권력으로 변환하는 지능 말이다. 그 모든 과정은 완전히 불투명하고, 호랑이에게 잡아먹히지 않기를 바라면서 호랑이 등에 올라탄 극소수의 기업가와 과학자만이 통제권을 쥐고 있다.

20세기의 정치를 구조화했던 가장 큰 딜레마는 국가와 시장의 관계다. 우리의 삶과 사회 기능의 어떤 부분을 국가의 통제 아래 두어야 하고 어떤 부분을 시장과 시민 사회에 맡겨야 하는가? 21세기에 들어오면서 결정적 구분이 인간과 기계 사이로 옮겨 왔다. 우리 삶을 강력한 디지털 시스템에 어느 정도까지 맡겨야 할까? 또한 어떠한 조건에서 그렇게 맡겨야 할까? 결국 개인과 사회는 삶의 어떤 영역을 인간 지능의 몫으로 한정하고 어떤 측면들을 AI에, 혹은 인간과 AI의 협업에 넘길 것인지 결정해야 할 것이다. 그리고 인간 지능을 우선하기로 선택할 때마다, 그 영역이 인공 지능이 더 효율적인 결과를 낼 수 있는 분야라면 반드시 어떤 대가를 치르게 될 것이다.

AI가 예고하는 신세계

눈에 띄는 것은 관객들의 동요다. 그렇지만 무대 위에서는 저마다 자기 배역을 소화했다. 미국 대통령의 과학 자문관이 중립적이고 예의 바른 질문들을 던졌다. 상황을 매끄럽게 진행시키기 위한 질문들, 아주 잠깐일지라도 테크 거물들의 의기양양한 독백을 훼방 놓지 않기 위한 질문들.

오픈에이아이의 최고 경영자 샘 올트먼이 자기 차례가 되어 발언했다. 그의 커다란 눈이 깜짝 놀라는 숲속 동물, 이를테면 새끼 노루나 귀여운 토끼 같은 인상을 주었지만 단조로운 말투와 지극히 사소한 발언 하나하나에도 풍기는 무한한 권력에의 의지는 그러한 겉모습과 완전히 상반되었다.

데미스 허사비스는 포스트 휴먼의 미소 띤 얼굴 그 자체였다. 어쩌면 그의 지중해식 온화함의 이면이 훨씬 더 불안한지도 모르겠다. 그도 그럴 것이 허사비스는 이것이 돈이나 권력 문제가 아니라고, 인류의 유일한 희망은 자신이 딥마인드 제작을 통해 만들어 가고 있는 디지털 신에게 일임하는 것이라고 진심으로 믿는 눈치였다.

한편 나는 처음에 내가 제일 선호하는 배역 중 하나를 연기했다. 도대체 여기서 뭘 하는 건지 이해되지 않는 인물, 따지고 보면 이 자리에 있을 이유가 전혀 없을 듯한 인물 말이다. 그러다가 깨달았다. 인공 지능의 미래 전망에 대한 비공개 토론을 마련한 이들은 일개 인간이 필요했으리라. 우리 없이 노래하는 반신半神들은 어차피 그들의 미래를 구상하느라 여념이 없고 그들의 계획에 다소간 의혹을 제기할 평범한 인간이 한 명은 있어야 했을 것이다. 그래서 내가 인간의 역할을 거부한다면 그것이야말로 각별히 치욕적인 이탈 행위일 거라는 생각이 들었다.

아스테카 서기관으로서의 경험상, 내가 인공 지능 분야에서 철저히 무능한 것은 사실이다. 반면 정치계를 들락거리면서 자연스러운 어리석음stupidité naturelle에 대해서는 나름대로 일가견을 갖게 되었다. 인공 지능의 미래를 생각해 보면 그것이 인간 지능을 강화할 뿐만 아니라 인간의 어리석음도 강화할 것이라고 인정할 수밖에 없다.

그래서 나는 어느 봄날 오후에 리스본의 호텔에서 키신저의 전설적인 수첩에 연락처가 있을 법한 거물들을 마주하고 있었다. NATO의 사무총장과 군사령관, 유럽 의회 의장, 정부 수반 두세 명, 장관 상당수, 정부 위원들, 정보기관 수장들, 다양한 억만장자들, 여러 대기업의 최고 경영자들.

모든 음모론자의 백일몽, 자신이 지구의 운명을 지휘한다고들 하는 일루미나티 수뇌부. 그렇지만 열린 마음으로 그 회의에 참석해 본다면 — 음모론자가 그럴 수 있는 기회는 흔치 않겠지만 — 매우 기이한 현상을 목격하게 될 것이다.

올트먼과 허사비스의 발제가 진행되는 동안 청중의 표정은 점점 침통해졌다. 오픈에이아이의 대표는 아스퍼거 증후군이 있고 딥마인드의 대표는 메시아적 사명에 완전히 몰입해 있었기에 둘 다 상황을 전혀 알아차리지 못했지만 그 현상은 너무나도 명백했다. AI의 두 교황이 하는 말을 들으면서 참석자들은 — 전능하다고는 하나 평범한 필멸자인 그들은 — 그들의 경험과 장차 눈앞에 펼쳐질 신세계 사이에 아무런 접점이 없다는 것을 점점 더 분명히 깨달았던 것이다. 아니, 더 큰 문제는 그 복음을 전하는 자들과 어떠한 인간적 관계도 맺을 수 없다는 것이었다. 그자들은 이미 다른 세계에 살고 있었고, 그 세계에서는 개인의 자율성을 위시하여 지금까지 인간적 모험의 본질을 이루었던 모든 것이 어떤 의미도 지니지 못하기 때문이다. 기술인들이 안심시키려고 하면 할수록 참석자들은 얼음장 같은 손길이 등뼈를 쓸어내리는 것 같은 한기를 느꼈다. 문득 한순간, 좌석에 축 늘어져 있는 참석자들을 바라보다가 시카고에서의 그 밤이, 잊히지 않는 로카 대위의 표정이 떠올랐다. 리스본에서의 그 오후에 나는 키신저의 친구들, 정부 관료들과 기업 대표들의 얼굴에서 그 표정을 보았다. 그들의 사회적 지위가 남다르다는 점은 중요하지 않았다. 그들의 안전을 보장하기 위해 수십 명, 아니 수백 명의 로카 대위가 주변에 배치되어 있다는 점도 중요하지 않았다. 키신저의 친구들의 평온을 지키기 위해 헬리콥터와 저격수가 다수 동원되었다는 점도 중요하지 않았다. 진실은, 그들도 AI의 교황들 앞에서는 리스본과 세계 다른 곳에 존재하는 로카 대위들과 마찬가지 입장이라는 것이다. 그들은 모두 동일한 낭패감을 느끼고 있었다.

키신저의 친구들은 예고된 신세계 앞에서 일개 행인처럼 당황하고 있었다. 아니, 그들의 당혹감은 그 이상이었다.

그도 그럴 것이 미래를 내다보고 결정을 내리고 계획을 세우고 투자를 산정하는 것이 그들의 역할 아닌가. 그러한 목표하에 그들은 정보를 얻는 것이 미래의 불확실성을 줄이는 최고의 수단이라는 생각에 익숙해 있었다. 원래 이런 유의 회의들은 세계 정부 차원의 회합이라기보다는 정보를 쥐고 있는 사람들과 교류하면서 한발 앞서 나가기 위한 자리다.

포식자들의 시대에는 그러한 규칙이 적용되지 않는다. 정보가 점점 더 많이 들어오는데도 날이 갈수록 미래를 예측하기가 어려워진다. 우리의 조상들은 정보가 빈곤한 사회를 살았지만 그들 자신이나 후손을 위해 뭔가 계획을 세울 수 있었다. 우리는 내일 아침 어떤 세상에서 눈을 뜨게 될지 점점 더 알 수가 없다.

이러한 역설은 일시적인 것이 아니라 구조적인 것이다. 디지털의 본질 자체에서 비롯되는 역설이랄까. 디지털 코딩은 현실을 0과 1의 연속으로 환원하면서 측정 불가능한 것은 죄다 제거하고 무자비한 균질화를 수행한다. 아날로그에서 디지털로의 전환은 이러한 작업을 수행함으로써 현실의 심오한 의미를 회피하고 혼돈이 들어올 수 있는 문을 활짝 열어젖혔다.

이러한 까닭으로 우리에겐 미래가 없다. 적어도 우리네 조상들이 가졌던 그런 의미의 미래는 없다는 말이다. 완전한 상상 속의 문화적 미래는 과거의 사치라고 윌리엄 깁슨은 말한다.[1] 그 시절에는 '지금'이 좀 더 오래 지속되었다. 하지만 모든 것이 너무 갑작스럽게 변한 탓에 우리에게는 우리 조상들이 꿈꾸었던 것 같은 미래가 들어설 수 있는 '지금'조차 없다.

보르자형 인간들만이 이 같은 현실을 편안하게 느낀다. 그들은 혼돈을 자양분 삼기 때문이다. 그리고 신께서 아시다시피 그날 리스본 회의 참석자 대부분에게 보르자형 인간들은 비호감이었다. 그들은 가장 끔찍한 악몽 속에 우글거리는 부류였다.

하지만 이제 올트먼과 허사비스가 하나의 대안을 제시했다. 세계의 조화는 찬란하게 회복될 수 있다. AI는 혼돈을 먹고 자라기도 하지만 그 대가로 새로운 질서를 약속한다. 사회의 합리적 통치, 데이터를 기반으로 하는 의사 결정, 이런 것들은 원칙적으로 기술 관료들이 꿈꾸는 바와 맞닿아 있다. 하지만 한 가지가 걸린다. AI의 지배가 도래하기 위해서는 지식이 신념으로 대체되어야 한다.

"AI가 언젠가는 자신의 의사 결정 방식을 설명할 수 있을까?"라는 질문에 대해서 기술인들은 그런 일은 결코 일어나지 않을 거라고, AI 모델들은 믿을 만하고 신뢰해도 괜찮은 것으로 밝혀질 테니 그 정도로 만족해야 할 거라고 답한다.

AI는 키르케고르의 신과 마찬가지로 순전히 합리적인 틀 안에서 사유될 수 없다. AI와 관계를 맺는 유일한 방법은 그것을 그냥 신뢰하는 것이다. AI의 위대한 약속은 예측이다. 비록 우리가 이해할 수 없다고 해도 말이다. 기술인들은 어디에 문제가 있는지 보지 못한다. 그들은 역사나 철학에 관심이 없기 때문에 그들의 제안이 계몽주의 시대 이전으로의 회귀나 다름없다는 것을 모른다. 고대의 신들을 우러르듯 AI를 우러르며 AI의 지배를 받는, 이해할 수 없는 마법적 세계로의 회귀.

"하늘을 지배하는 신들이 늘 같지는 않고 도시와 농촌에서 세금을 거두는 제국들도 늘 같지는 않습니다."[2] 모테쿠소마는 이탈로 칼비노•와의 상상적 대담에서 말한다. 모테쿠소마, 그리고 그를 닮은 이들은 담담하게 체념한다.

• Italo Calvino(1923~1985). 이탈리아의 소설가로 『보이지 않는 도시들』, 『반쪼가리 자작』 등 실험적·우화적 문체로 현대 문학에 큰 영향을 미쳤다.

키신저는 훨씬 끈질기다. 이제 그는 누가 부축해 주지 않으면 일어서지도 못할 만큼 몸이 약해졌다. 알아듣기 힘들기로 늘 유명했던 동굴에서 울리는 듯한 음성은 이제 잘 들리지 않는 웅얼거림에 불과하다. 백 살이 다 되어 가는 양반이니 다른 데 있어도 될 텐데, 여기 리스본의 한 호텔 살롱에서 인공 지능을 주제로 토론 중이다. 심지어 본인은 인공 지능이 불러올 '결과'를 극히 일부밖에 보지 못할 것이 확실한데도 말이다.

이미 몇 년 전, 허사비스를 처음으로 만난 자리에서 키신저는 가장 중요하고도 어려운 질문을 던졌다. "만약 AI가 인간 의식의 고유한 설명 능력을 넘어서고 사회가 그들이 사는 세상을 자신들에게 의미 있는 틀 안에서 해석할 수 없게 된다면 인간 의식은 어떻게 될까요?"

AI를 진정으로 예견한 소설은 프란츠 카프카의 『심판』이 아닐까. 이 소설에서는 무슨 일이 일어나고 있는지 이해하는 사람이 아무도 없다. 피고도 뭐가 뭔지 모르고 그를 심판하는 판사들도 뭐가 뭔지 모르지만 사건은 가차 없이 진행된다. 카프카의 또 다른 위대한 소설(『성』)에서 주인공 K가 그의 운명을 지배하는 권력의 중심에 집중하려 하지만 전혀 접근도 못 하고 작은 단서조차 얻지 못할 때 그의 시선은 "둘 곳을 찾지 못한 채 성 위를 미끄러지듯 지나간다."[3] K는 전화 통화를 시도하지만, 수화기 너머로 들리는 것은 아득히 먼 노랫소리 아니면 설명을 일절 거부하는 엄격하고 오만한 목소리뿐이다.

어떤 이들에게는 성이 이미 거기 있다. 미래가 우리 가운데 있지만 공평하게 분배되지 않는다는 말은, 대개 특권층은 이미 미래 기술에 접근해 있고 나머지 사람들은 뒤처져 있다는 뜻이다. 우리가 처한 상황은 그 반대다. 성은 부자들에게 당분간 하나의 가설일 뿐이지만 사다리 가장 밑바닥 사람들에게는 이미 현실이다. 일례로 배달원들은 이제 사람을 상대하며 일을 한다고 보기 뭐하다. 그들이 일하면서 상대하는 것은 사실상 스마트폰 애플리케이션뿐이다. 앱이 그들이 해야 할 일을 정해 주고, 어떻게 해야 하는지 안내해 주고, 일을 잘했는지 못했는지 평가한다. 그러한 평가의 기준이 되는 논리는 때로는 이해할 만하고 때로는 갑자기 부조리해진다. 뭔가 문제가 생겨도, 가령 배달원에게 예기치 못한 사건이 생긴다든가 시스템이 먹통이 됐을 때 누군가에게 도움을 요청할 수가 없다. 애플리케이션은 자체적으로 결론을 도출하고 판단을 전달한다. 인간의 상식과 감수성은 의도적으로 배제되었을 것이다. 배달원이

할 수 있는 일이라고는 형식에 불과한, 수천 킬로미터 떨어져 있는 콜센터에 연락을 해서 자기와 마찬가지로 실권이 전혀 없는 사람의 목소리에서 위안을 얻는 것뿐이다.

시간이 흐르면서 성은 새로운 공간을 차지하고 여타의 활동 영역들로 확장된다. AI 성능이 발전할수록 성은 사회적 위계의 사다리를 타고 올라간다. 노동자가 기계로 대체되고 배달원이 점점 기계로 변해 간다지만 지금은 사무직, 공무원, 심지어 자유 전문직으로 분류되었던 직종에도 동일한 현상이 나타나고 있다. 이미 가까워진 미래에는 의사, 회계사, 변호사도 AI의 지시에 따르는 게 기본이 되고, 만약 AI의 지침에서 벗어난 결정을 내릴 경우 그들은 자기를 정당화해야 할 것이다. 가장 강성한 자들은 뭔가를 도모할 여지가 있겠지만 그것도 언제까지 가능할지는 모른다.

성은 매 순간 새로운 영토를 정복할 것이요, 키신저의 친구들이 막연히 짐작만 하는 그날이 마침내 오고 말 것이다. 알고리즘의 압도적 우위가 위대한 정치인이나 경영인의 판단보다 낫다는 사실이 입증됨으로써 그들 또한 따라잡히고 말 그날이. 그날에 성은 온 땅을 뒤덮고, 조언을 무시하는 작센의 늙은 공작처럼 자기 홍대로 자유로이 춤출 수 있는 자들은 새로운 종교의 사제들, 즉 AI 정복자들밖에 없을 것이다. 그들은 잠시 신들의 암브로시아*를 맛보겠지만, 결국 그들 또한 포스트 휴먼 매트릭스에 의해 잊히고 말 것이다.

---

* 그리스 신화에서 신들이 먹는 불멸의 음식

싸움은 끝나지 않았다

싸움은 끝나지 않았다

회색 일변도의 파리 대도시권에 위치한 인구 1만 4천 명의 코뮌*. 이곳은 리외생 Lieusaint 이라는 멋진 이름**을 제외하면 여타의 신도시들과 다르지 않은 곳이다. 리외생 지방 자치 단체장 미셸 비송은 솔직하고 의지가 강한 오십 대 남성이다. 비송과 5분만 얘기를 나눠 보면 지방 정치인의 매력을 이루는 덕목들을 고스란히 접할 수 있다. 지역에 뿌리가 있고, 현지 사정을 잘 알며, 디테일에 강하고, 실질적 영향을 미치는 일을 하려는 자세. 분쟁을 조정하고, 상충하는 요구들을 화해시키며, 불분명한 상황에서 결정을 내릴 수 있는 역량. 상황의 아이러니를 이해하는 태도. 아주 약간의 숙명론. 그리고 당연한 얘기지만 교활함이나 지배욕, 관심 욕구

---

* 프랑스의 최소 행정 단위
** lieu(장소)와 saint(거룩한, 성스러운)이 합쳐진 이름

따위도 필요한 만큼은 있다. 하지만 무엇보다 중요한 것은 인간적인 교류에서 느끼는 즐거움, 따뜻한 정, 그리고 그 속에 숨어 있는 놀라운 순간들이다. 테크 업계의 아스퍼거들, 인간을 기계로 변화시키려는 그들의 광적인 욕망과는 정반대다.

비송은 25년간 지방 자치를 돌보며 산전수전을 다 겪었음에도 몇 년 전 전례 없는 문제에 봉착했다. 매일 아침 7시부터 파리로 향하는 수백 대, 아니 수천 대 차량이 통상적으로 이용하던 프랑실리엔 도로˙와 A5 고속도로에서 빠져나와 리외생의 평화로운 중심부와 북부 주택가를 가로지르기 시작한 것이다. 플라슈 숲과 오르무아 운하를 따라 들어선 주택들이 잠에서 미처 깨지 않은 이른 아침, 대형 화물차와 SUV가 떼를 지어 그 앞을 내달렸다. 차량 행렬은 페피니에르 산책로의 플라타너스 나무들 사이와 티주리 거리의 다목적 홀을 지나갔고, 도처에서 발생하기 시작한 병목 현상 때문에 속도를 못 내는 경우라면 모를까, 아이들이 다수 오가는 어린이집 근처나 초등학교 앞에서도 속도를 늦추지 않았다.

˙ 파리 외곽 순환도로보다 바깥 쪽에 있는 제2순환도로

　며칠 만에 리외생의 주택가는 도시형 지옥이 되어 버렸다. 아이를 학교에 데려다주는 일이 이토록 힘들고 위험한 일이 될 줄이야. 언제 차가 달려올지 알 수 없었고 대기질도 나빠졌으며 경적 소음, 접촉 사고, 정체, 지연 등등 그야말로 총체적 난국이었다.

　미셸 비송이 이 사태의 원인을 파악하기까지는 그리 오래 걸리지 않았다. 운전자라면 누구나 알게 마련이고 좋아하게 마련인 귀여운 웃는 얼굴, 웨이즈Waze가 문제였다. 웨이즈는 운전자들에게 실시간 최단 경로를 제안하고 교통 체증 구간을 우회하여 시간을 절약하게 해 주는 구글사의 애플리케이션이다. 길을 가리켜 보여 주는 신의 손가락은 운전자들에게 축복이 아닐 수 없다. 하지만 웨이즈는 신이 아니요, 사용자의 시간을 절약해 준다는 목표밖에 없다. 고로 여타의 고려 사항들은 철저하게 배제된다. 고속도로를 벗어나 주택가로 우회하고 어린이집이나 요양원 주변에서 속도를 내면 지역 주민들의 안전과 평화가 위태로워지지만 그렇게 해서 일 분을 벌 수 있다면, 수백만 사용자 중 어느 한 사람의 한낱 일 분을 단축할 수 있다면 웨이즈는 집요하게 그 경로를 추천한다.

　웨이즈는 그 설계자들과 마찬가지로 하나의 목표에만

집중하고 나머지는 안중에 없는 아스퍼거다. 그 목표를 추구하는 데 방해가 되는 것은 좋게 봐줘 봤자 쓸데없는 소음, 대놓고 말하자면 제거 대상이다.

미셸 비송의 관점은 다르다. 비송은 첨단 기술을 거부하는 사람이 아니다. 그는 이미 오래전에 자기네 지역에 데이터 센터를 유치한 최초의 자치 단체장 중 한 사람이다. 퇴근 후에 컴퓨터 게임을 즐기고 본인도 운전할 때는 웨이즈를 사용하지만 이 경우는 가만히 두고 볼 수 없었다.

비송은 이 문제를 심층 검토한 후 마을의 교통 체계를 수정하기로 결정했다. 그래서 몇몇 거리를 일방통행으로 변경하고 시속 30킬로미터 속도 제한을 걸었다. 마을 대로에도 신호등을 설치했다. 운전자의 소요 시간을 2분가량 늘려 웨이즈의 알고리즘을 좌절시킬 목적이 아니면 굳이 필요하지 않은 신호등이었다. 결국 관건은 주민들이 너무 불편해지지 않는 선에서 운전자들을 단념시키는 것이었다. 이러한 조치들은 효과가 없지 않았으나 문제를 해결하지 못했다.

비송은 원인을 거슬러 추적하기로 작정했지만 웨이즈도 다른 온라인 플랫폼들과 마찬가지였기 때문에 여간 어려운 일이 아니었다. 사용자는 수억 명, 매출은 수십억, 전 지구 영토와 도시인들의 삶에 영향을 미치는 이 플랫폼을 모르는 사람은 거의 없다. 하지만 웨이즈 관계자에게 무슨 애기를 하려고 하면 프랑스에서 일하는 직원은 한 명도 없고 문의 가능한 전화번호조차 없다. 저 멀리 성에서 아득하게 들리는 목소리들의 웅얼거림이 전부다.

리외생 자치 단체장은 이 사안을 파고들다가 웨이즈가 네티즌들의 자발적인 지도 제작에 기반을 두고 있다는 사실을 알았다. 이 자발적 지도 제작자들은 도로를 유형별로 분류해 애플리케이션이 지역적 맥락을 세밀하게 파악할 수 있도록 돕는다. 이 경우에도 대부분의 경우가 그렇듯이 성은 공공재를 제 것으로 삼고 사적 이익으로 전환한다. 비송은 선량한 정치인답게 그러한 사정을 잘 활용해 보려고 했다. 그는 이 지도 제작자들과 접촉하여 웨이즈가 사용자들을 무지막지하게 보내는 리외생의 몇몇 도로를 농로農路로 분류해 달라고 요청했다. 지도 제작자들은 상황을 이해하고 공감했지만 그렇게 해 줄 수는 없었다. "그 사람들 자부심이 있더라고요. 당연하죠, 자기들이 좋아서 하는 일이니까. 그러니 사실을 왜곡할 순 없었겠지요." 미셸 비송이 내게 말했다.

이 단계까지 오자 핵폭탄을 터뜨리는 것 외에는 방법이 없었다. 언론이라는 핵폭탄 말이다. 소셜 네트워크와 그것을 오피니언 리더와 동일시하는 네트워크 지배자들이 뭐라고 떠들든 간에 언론은 여전히 견제 권력이다. 비송은 기자들에게 이 곤란한 사정을 알아 달라고 끈질기게 요청했다. 그는 열성적이고 표현력이 좋고 어떻게 해야 하는지를 안다. 그리하여 "안티 웨이즈 자치 단체장"으로 화제가 되기에 이르렀지만 사실 그는 기술 발전에 반대하는 입장과는 거리가 멀기 때문에 이런 별칭이 조금 난처하다. 뭐, 어쩔 수 없는 일이다.

마침내 성에서 누군가가 나타났다. 아직은 플랫폼 기업들이 언론의 부정적인 보도를 약간이나마 신경 쓰는 시대다. 프랑스에는 웨이즈 지부가 따로 없기 때문에 암스테르담에 소재한 유럽 총괄 지부에서 하급 직원 몇 명이 찾아왔다. 비송은 청사 회의실에서 그들을 맞이하고 리외생이 처한 문제를 설명했다. 웨이즈 직원들은 예의 바르고 이해심 어린 태도로 열심히 메모를 했다. 비송도 물정 모르는 사람이 아니니만큼, 그들의 방문이 단지 보여 주기식 면피에 지나지 않는다는 것을 금세 눈치챘다. 그 직원들에게 실권이 없음은 명백했다. 그들 역시 알고리즘 장치 속의 톱니바퀴에 불과하니까.

비송은 막막한 나머지 그렇다면 최소한 몇 가지 요소라도 앱에 반영해 달라고 요청했다. 예를 들어 초등학교나 병원 쪽으로는 차량이 지나치게 쇄도하지 않도록 조치할 수 있지 않나?

성의 사절단은 자신들도 안타깝다는 듯한 표정으로 그의 말을 경청했고 정중한 사과를 전한 후 물러났다. 비송은 다시는 그들의 소식을 듣지 못할 것이다.

이야기를 마친 비송이 눈을 든다. 우리는 웨이즈 직원들을 맞이했던 바로 그 회의실에 있다. 창문으로 들어오던 수줍은 겨울 햇살은 이미 사라졌고 청사의 네온 불빛이 공간을 채우고 있다.

"그들이 뭐라도 하긴 했을까요?"

"모르겠네요. 어떻게 보십니까?"

"안 했을 것 같은데요."

리외생 자치 단체장이 미소를 짓는다. 싸움은 끝나지 않았다.

주

들어가는 글: 새로운 정복자가 온다

1. 이 대목에 영감을 준 산도르 마라이의 문장은 전문을 인용하여 함께 읽어 볼 만하다. "우리의 우주를 비추던 빛이 꺼지고 우리는 이 밤과 같은 어둠에 빠질 수도 있다. 어쩌면 전쟁보다 참혹한 재앙은 이미 시작되었고, 사방 천지에서 사람 마음의 순리가 자못 달라져서 해결되어야 할 일은 전부 불과 칼로써 해결될지도 모른다. 이미 그러한 해결 방식이 현실이 되었는지도 모르겠다." (Sándor Márai, *Les Braises*, trad. du hongrois par Georges et Marcelle Regnier, Paris, Albin Michel, 1995, p. 161)

UN은 여전히 세계를 대표하는가

1. Mérimée, in Paul Morand, *Journal d'un attaché d'ambassade* (1916-1917), Paris, Gallimard, 1996, p. 64

2. Flaubert, *L'Éducation sentimentale*, Paris, Gallimard, 1972, p. 352

3. José Ortega y Gasset, *El origen deportivo del estado* (1966)

4. 이 드라마 시리즈 백분율 놀이는 다음 기사에서 영감을 받은 것이다. David Sirota, 《What *Veep* Got Right About Our Government》,

Salon, 27 juin 2013—en ligne : https://www.salon.com/2013/06/27/what_veep_got_right_about_our_government/

5. Vladislav Sourkov, 《Куда делся хаос? Распаковка стабильности》, *Актуальные комментарии*, 20 novembre 2021—en ligne : https://actualcomment.ru/kuda-delsya-khaos-raspakovka-stabilnosti-2111201336.html

6. 톨스토이의 이 말은 키아로몬테의 다음 저서에 인용돼 있다. Nicola Chiaromonte, *Credere e non credere*, Bologne, Il Mulino, 1993, p. 61. 키아로몬테는 내가 번역해 둔 문장처럼 그 인용을 자신의 말로 이어서 보완하고 있다.

7. Michel Crépu, *Le Souvenir du monde. Essai sur Chateaubriand*, Paris, Grasset, 2011, p. 178

8. Tony Blair, *On Leadership. Lessons for the 21ˢᵗ Century*, New York, Crown, 2024

9. Alexandre Kojève, entretien avec Gilles Lapouge en janvier 1968, 《Les philosophes ne m'intéressent pas, je cherche des sages》, *Le Grand Continent*, 25 décembre 2020—en ligne : https://legrandcontinent.eu/fr/2020/12/25/conversation-alexandre-kojeve/

무한 폭력의 시대, 민주주의는 안전한가

1. François Guichardin, *Histoire d'Italie. 1492-1534*, trad. de l'italien par Jean-Louis Fournel et Jean-Claude Zancarini, Paris, Robert Laffont, 1996

2. Léonard de Vinci, in Patrick Boucheron, *Léonard et Machiavel*, Paris, Verdier, 2008, p. 99

세계에서 가장 강력한 왕세자, 무함마드 빈 살만

1. Nicolas Machiavel, 《Descrizione del modo tenuto dal duca Valentino nello ammazzare Vitellozzo Vitelli, Oliverotto da Fermo, il signor Pagolo e il duca di Gravina Orsini》 (*Opere*, Florence, Gaetano Cambiagi, 1782, p. 116-122)

2. Nicolas Machiavel, *Le Prince*, chapitre 3, 《Des principautés mixtes》, trad. de l'italien par Jean-Vincent Périès

3. Roger Nimier, *L'Élève d'Aristote*, Gallimard, 1982, p. 93

4. 톨스토이는 『전쟁과 평화』에서 권력자들에 대한 훼방이라는 주제를 다룬 바 있다. 다음의 해설 참조. Nicola Chiaromonte, *op. cit.*, p. 43-82

5. Johann Wolfgang von Goethe, *Entretiens avec le chancelier F. de Muller*, trad. de l'allemand par Albert Béguin, Paris, Stock, 1930, p. 254

밀레니얼 독재자, 나이브 부켈레

1. 나이브 부켈레의 발언들은 2024년 9월 24일 유엔 총회 연설과 다음 기사에서 발췌한 것이다. Vera Bergengruen, 《How Nayib Bukele's "Iron Fist" Has Transformed El Salvador》, *Time Magazine*, 29 août 2024 - texte intégral en ligne : https://time.com/7015636/president-nayib-bukeleinterview/

도널드 트럼프의 귀환

1. Bismarck, in Henriette Levillain, *Saint-John Perse*, Paris, Fayard, 2013, p. 284

2. 드 레츠 추기경은 철학자들이 "미늘창을 잡고 나서는 일이 없기 때문에 (정치에서) 늘 없는 사람 취급을 당한다"라고 회고록에 쓴 바 있다 (*Œuvres*, 《Bibliothèque de la Pléiade》, Paris, Gallimard, 1984, p. 817).

3. Janan Ganesh, 《Beware of the professional ghetto》, *Financial Times*, 17 août 2024

AI 석학들의 대격돌, 누가 미래를 정의하는가

1. Yann Le Cun, intervention à la Nuit des idées 2022 de la Villa Albertine, à New York-en ligne : https://www.youtube.com/watch?v=f8js7OLig9U

혁명과 쿠데타의 기술

1. Amiral Tirpitz, in Peter Sloterdijk, *Les Lignes et les Jours. Notes 2008-2011*, trad. de l'allemand par Olivier Mannoni, Paris, Libella, 2014, p. 227

2. 쿠르초 말라파르테는 파리에서 보낸 나날을 기록으로 남겼다. Curzio Malaparte, *Journal d'un étranger à Paris*, trad. de l'italien par Gabrielle Cabrini, Paris, La Table ronde, 2014. 또한 이 장에서 기술한 그의 생애는 다음 책을 참고했다. Maurizio Serra, *Malaparte. Vies et légendes*, Paris, Grasset, 2011

3. Curzio Malaparte, *Technique du coup d'État*, trad. de l'italien par Juliette Bertrand, Grasset, 1931

테크 포식자들의 시대

1. 아믈로 드 라우세는 이 인용문이 루이 11세가 한 말이라고 주장하지만, 아마 사실이 아닐 것이다(Amelot de la Houssaie, *Tacite, avec des notes historiques et politiques*, Amsterdam, 1721, t. IV, p. 113).

2. William H. Prescott, *The Conquest of Mexico*, Safety Harbor FL, Simon Publications, 2001, p. 487

3. Joseph de Maistre, in Antoine Compagnon, *Les Antimodernes*, Paris, Gallimard, 2005, p. 77

AI, 새로운 권력의 출현

1. Francesco Cossiga, *Italiani sono sempre gli altri*, Milan, Mondadori, 2007, p. 195

2. Kissinger, in Timothy Naftali, 《Kissinger's Contradictions》, *Foreign Affairs*, 1ᵉʳ décembre 2023

3. Churchill, in Henry Kissinger, *Leadership. Six études de stratégie mondiale*, trad. de l'anglais par Odile Demange, Paris, Fayard, 2023

4. Henry Kissinger, 《How the Enlightenment Ends》, *The Atlantic*, juin 2018

AI가 예고하는 신세계

1. William Gibson, *Identification des schémas*, trad. de l'anglais par Cédric Perdereau, Au diable vauvert, 2004

2. *Le Grand Continent*, 10 avril 2023 – en ligne : https://legrandcontinent.eu/fr/2023/04/10/calvino-etmoctezuma-dialogue-de-fin-des-temps/

3. Franz Kafka, *Le Château*, trad. de l'allemand par Alexandre Vialatte, Paris, Gallimard, 1972, p. 147 et p. 36

참고 도서

Giorgio Agamben, *La Guerre civile. Pour une théorie politique de la stasis*, trad. de l'italien par Joël Gayraud, Paris, Points, 2015

BBC, *The Kingdom. The World's Most Powerful Prince*

Franco Bernabè et Massimo Gaggi, *Profeti, oligarchi e spie. Democrazia e società nell'era del capitalismo digitale*, Milan, Feltrinelli, 2023

Christian Chesnot et Georges Malbrunot, *MBS confidentiel. Enquête sur le nouveau maître du Moyen-Orient*, Paris, Michel Lafon, 2024

Monica Duffy Toft et Sidita Kushi, *Dying by the Sword. The Militarization of US Foreign Policy*, New York, Oxford University Press, 2023

Giulio Ferroni, *Machiavelli, o dell'incertezza*, Rome, Donzelli, 2003

Antoine Garapon et Jean Lassègue, *Le Numérique contre le politique*, Paris, Presses universitaires de France, 2021

Ben Hubbard, *MBS. The Rise to Power of Mohammed bin Salman*, New York, Crown, 2020

Sasha Issenberg, *The Victory Lab. The Secret Science of Winning Campaigns*, New York, Broadway Books, 2016

Brittany Kaiser, *L'Affaire Cambridge Analytica*, trad. de l'anglais par

Dominique Loriot-Laville, HarperCollins France, 2020

Alexandre Labruffe, *Un hiver à Wuhan*, Paris, Verticales, 2020

Jaron Lanier, *You Are Not A Gadget*, New York, Knopf, 2010

William H. McNeill, *La Recherche de la puissance. Technique, force armée et société depuis l'an mil*, trad. de l'anglais par Bernadette et Jean Pagès, Paris, Economica, 1992

John G. A. Pocock, *Le Moment machiavélien*, trad. de l'anglais par Luc Borot, Paris, Puf, 1997

Carl Schmitt, *Machiavel, Clausewitz. Droit et politique face aux défis de l'histoire*, Paris, Krisis, 2007

Deyan Sudjic, *The Edifice Complex. The Architecture of Power*, Londres, Penguin, 2011

Jamie Susskind, *Future Politics*, Oxford, Oxford University Press, 2018.

Christopher Wylie, *Mindfuck. Le complot Cambridge Analytica pour s'emparer de nos cerveaux*, trad. de l'anglais par Aurélien Blanchard, Paris, Grasset, 2020